观呼吸

［斯里兰卡］德宝法师 著
赖隆彦 译

海南出版社
·海口·

Mindfulness in Plain English
by Bhante Henepola Gunaratana

版权合同登记号：图字：30-2014-014 号
图书在版编目 (CIP) 数据

观呼吸 /(斯里) 德宝法师 著；赖隆彦 译 . —海口：海南出版社，2009. 8 (2025. 6 重印).

书名原文：Mindfulness in Plain English
ISBN 978-7-5443-3071-8

Ⅰ. 观…　Ⅱ. ①德…②赖…　Ⅲ. 佛教 – 布教　Ⅳ. B945

中国版本图书馆 CIP 数据核字 (2009) 第 108304 号

观呼吸
GUAN HUXI

作　　者：［斯里兰卡］德宝法师
译　　者：赖隆彦
策划编辑：柯祥河
责任编辑：张　雪
责任印制：郄亚喃
印刷装订：三河市祥达印刷包装有限公司
读者服务：张西贝佳
出版发行：海南出版社
总社地址：海口市金盘开发区建设三横路 2 号　邮编：570216
北京地址：北京市朝阳区黄厂路 3 号院 7 号楼 101 室
电　　话：0898-66812392　010-87336670
电子邮箱：hnbook@263.net
经　　销：全国新华书店
出版日期：2009 年 8 月第 1 版　2025 年 6 月第 25 次印刷
开　　本：787 mm × 1 092 mm　1/16
印　　张：17.5
字　　数：250 千字
书　　号：ISBN 978-7-5443-3071-8
定　　价：52.00 元

目　录

推荐序

全新的生命体验

陈定南

我曾经有机会一睹《观呼吸》一书的原稿，于是，更清楚“内观”的精神所在。

内观禅修是一种细致的心理活动，教导人以全新的观点去体会这个世界，甚至要人忘掉理论、偏见与陈规，不必一味接受他人的解释，一切用“亲自见证”来作为。“亲自见证”是一种挑战，也是一种自信的展现。禅修的过程本是不折不扣的挑战，也绝对需要自信。这本书将告诉你可能遇到的问题，也为你提供应对的方法。平实而真切，是我读完本书的第一个感受。

首先必须肯定作者以深入浅出的笔法，为我们开启了迷悟。或许很多人都有一个错误观念，认为只要写到“禅”、讲到“禅”，必定如打偈语、猜哑谜，非悟性高之人难窥其妙。此一成见使很多人不得其门而入，的确可惜。但这本书将告诉你内观禅修是一段值得探索的旅程，至于如何继续、能获得什么，就完全取决于你自己了。“师父引进门，修行看个人。”这本书不是畅论学理，而是引导实践。

一个人终其一生的努力，多半是为了对抗势不可当且如影随形的苦厄。相信每个人都努力过，甚至也曾得到过宁静、幸福的感觉，只是它们来得快，消逝得也快。德宝法师要大家去追求另一种视野——一个完全不同的世界观。那是一种有趣的看待世界的方式，重要的是，它是可以学会的技巧。用一种全新的观点来生活——“你可以做一个人应该做的事，却不让自己受到欲望的迷惑与压迫；你可以想要某些东西，却不需要追着它跑……”这种修行虽然很难，但是解决困难总比不可能实现要好。“宝剑锋从磨砺出，梅花香自苦寒来。”禅修当然难，除了时间、精力的投入，更需要勇气、决心与魄力，还要对抗平常你不喜欢或想尽办法逃避的个人特质。

有困难，亦必有坦途，《观呼吸》是一本简明的禅修指导书。不要高悬目标，不要误陷迷障，用正确的态度，从专注于呼吸开始练习；学习明智而审慎地使用身体；在对呼吸的观察中，避免昏沉与思考；既要规划好禅修时间，也要懂得忍耐、自律；将麻烦视为机会，培养处理问题的能力；选择一个适合自己禅定的方法来克服分心。此外，作者还希望大家能开发慈心，滋养人心本有的种子，直到慈的力量绽放为止。

为了让欲一窥禅修之人“扫荡神经网络内的渣滓”，德宝法师告诉我们许多人对禅修常见的误解，尤其一般人更有

“禅修是圣贤所为，不适合一般人”的误解。其实古有所谓三不朽——“立德、立功、立言”之说，亦可破此误解。“立德”列于首位，并非标榜道德自然高超，乃因道德具有一般性与普遍性，官民均可修德，贫者、富者皆能行善；而禅修乃众生平等，不分贤愚贵贱，禅修要的是有心人。作者告诉我们禅修不是“离尘绝俗”、纯然天性、直指本心，而是让自己踏实的根本。

品读字句，如师长之恳切叮咛，如父母之温婉良善的嘱咐，皆似励志金言、慰藉之语。如“我们应该把为我们指出缺点的人，看成为我们挖掘宝藏的人”“别期待速成的幸福，攀爬阶梯也需要付出时间、精力与耐心”“不要为你自己设定遥不可及的目标，对你自己温柔一点”“不要逼迫你自己强忍疼痛打坐，只为了对别人说你已经坐了一个小时”，此类温馨之言，俯拾即是，为读者平添信心与助力，也能因之而体会禅修堂奥，作者对文字用心大矣！

作者也不忘提醒，若要禅修成功，需先有“不要有所期待”的态度。坚持不达目的绝不罢休的心态，已远禅修心境；唯去我执，才能自在自由。古人之所以在桃花源复寻未果，乃因好事渔人处处作志，太守又遣人依志而寻，机心强求，终不可得，寓意自明；梁启超先生亦有读书趣味乃在“无所为而为”之态度上。没有目的就是目的，非关偈语，禅修的确需要这般。

案前一书，就如良师在侧，点迷津，引方向，循循善诱，谆谆教诲。它告诉禅修者如何练习对自己百分之百诚实，可谓苦口婆心！唯要人诚实真难，好逸恶劳本是天性，趋吉避凶亦是自然，忠言又常左耳进、右耳出，良药也多入不了口。从练习对自己诚实开始，的确真切！虽不敢断言此书必能启悟后生，点化顽石，但却处处透着它的谦卑含蓄。它的字句平易贴心，它的提醒温柔敦宽；它提供的练习之道素朴简单；它提出的目标也真切平实——遵守正道而达到快乐。相信依其所示修习正念的技巧，必有助于你增强定力。

爱书人最大的喜悦是巧遇好书，先睹已是快意十足，而读本书却另有一种沉静怡然之自得，如饮佳茗，喉深韵味，久化不去。本人涉猎宗教典籍不多，但印证古人诚意、正心、修身之道以及定静安虑得的体会，却有颇多相互阐发之处，如借此书因缘，使你迈向一种全新的生命体验，那是值得恭喜的。介绍此书，是一大乐事，如种绿苗，苍翠已可预见。

关于作者
德宝法师

德宝法师（Henepola Gunaratana，音译为希尼波拉·贾那拉达那），12岁时在斯里兰卡的玛兰德尼雅（Malandeniya）剃度出家，成为佛教僧侣，1947年20岁时在康提（Kandy）受具足戒[①]。他毕业于科伦坡佛教弘法学院（Buddhist Missionary College）。接着，他到印度旅行5年，为摩诃菩提协会（Mahabodhi Society）进行弘法的工作。之后，他又花了10年时间在马来西亚弘法，担任佛教协会与马来西亚佛教青年会的宗教顾问。他曾在吉松迪尔学校与寺路女子学校教书，并担任吉隆坡佛学院（Buddhist Institute of Kuala Lumpur）院长。

在寒瓦迦佛学会（Sasana Sevaka Society）的邀请下，他于1968年到了美国，担任华盛顿佛寺协会（Buddhist

---

① 具足戒，又叫作“近圆戒”“近具戒”“大戒”，简称“具戒”。指比丘、比丘尼所应受持的戒律，因为跟沙弥、沙弥尼（7岁以上、20岁以下出家的男子和女子）所受十戒相比，戒品具足，所以称为“具足戒”。依戒法规定，受持具足戒就可以正式取得比丘、比丘尼的资格。一般来说，比丘戒有250戒，比丘尼戒则有348戒。

Vihara Society of Washington, D. C.）的主任秘书。1980年，他被任命为该协会的会长。在1968年到1988年任职佛寺协会期间，他除了教授佛法课程之外，还指导禅修闭关，并到世界各地巡回演讲，足迹遍及美国、加拿大、澳大利亚、新西兰、欧洲、非洲与亚洲。此外，1973年到1988年间，德宝法师曾担任美国大学的佛教弘法师。

他在学术研究上取得了美国大学的哲学博士学位，曾经在美国大学、乔治敦大学与马里兰大学教授佛法课程。他的著作在马来西亚、印度、斯里兰卡与美国等国家出版。《观呼吸》一书已经被翻译成几种语言在世界各地相继出版。此书的泰文节译版本还被选为泰国高中课程的教材。

德宝法师从1982年起就担任修行协会（Bhavana Society）的会长，那是一个位于西弗吉尼亚森林里（靠近仙那度河谷）的寺院与闭关中心，由他与马修·弗立克斯坦（Matthew Flickstein）共同创办。德宝法师现居于修行协会，为比丘与比丘尼进行剃度与训练，并指导一般社会大众闭关修行。他也经常巡回世界各地演讲，并且指导闭关禅修。

2000年，德宝法师获得他的母校维迪雅兰卡拉学院颁赠的终身杰出成就奖。

导　读

内在生命的探索

入定之后，一种深沉的平静会遍布身心，那种祥和的状态唯有亲身体验过的人才能了解。

本书是一本切实可行的禅修指导书，一步一步具体引导你探索内在生命。

禅修怎么做

坊间已经有许多详细探讨佛教哲学与禅修理论的图书，如果你有兴趣的话，我鼓励你们去读，其中有许多写得很棒。这本书则告诉你“怎么做”。它是为那些真的想要修禅的人而写的，尤其是为那些现在正要起步的人。在美国只有少数合格的佛教禅师，在此我们想要为你提供动身遨游之前所需具备的基本信息。只有那些遵从本书指示的人才能说我们是成功或失败的，也只有那些规律与精进的禅修者才有资格评断我们的努力。没有一本书能涵盖禅修者可能会遇到的所有问题，最后你还是需要一位合格的老师。同时，本书提供了一些基本原则，充分了解这些原则，将能帮助你前进一大段路。

禅修有许多种风格，每一个主要的宗教传统都有一些类似禅修的程序。本书专门讨论内观禅修，它是南亚与东南亚佛教教学与修行的主题。vipassanā 是巴利文，意思就是“内观”，这个系统的目标是让修行者洞见事物的本质，清楚每一样事物真实的运作方式。

整体而言，佛教完全不同于西方人最熟悉的神学宗教。它直通心灵或圣境的入口，无须神祇或其他“媒介”的帮助。它的精神非常科学，更接近所谓的“心理学”，而非一般所称的“宗教”。佛教的修行是持续不断探求实相，深入观察整个认知的过程。它的目的是厘清我们习以为常的虚妄观点，揭发事物的究竟实相。内观禅修正是这样一种古老而精致的技巧。

深入内心，探索自己

上座部（Theravāda）佛教[①]提供了一个有效的系统，可以帮助我们深入内心，直探意识本身的根源。它同时也提供了一个相当值得参考的仪式系统，修行的方法就包含在里面。这个美好的传统，是在南亚与东南亚高深的传统文化中历经两千五百年的发展而自然得到的结果。

在本书中，我们将尽一切努力把外饰与本质两者区分开来，只呈现单纯的实相。那些喜欢仪式的读者可以从其他书本中学习上座部的做法，找出丰富的习俗与仪轨，那是一个充满意义的庄严的传统。而讲求实用的读者则仅使用方法本身，随其意愿在理性或感性的背景下使用它们。只有修行才是重点。

内观禅修与其他禅修形式截然不同，需要被充分了解。佛教的禅修主要有两种，它们是不同的心灵技巧或操作模式，有不同的意识特质。在巴利语，即上座部佛教文献的语言中，它们被称为“vipassanā ”与“samatha”（音译为奢

① 上座部佛教，巴利语系的佛教，现在主要分布在斯里兰卡、泰国、缅甸等国。

摩他）。

vipassanā 通常被翻译为“观”或“内观”，即清楚地察觉当下发生的事；samatha 则被译为“定”或“止”，是把心集中于单一对象的状态，好让它安定下来，不再四处游荡。

入定之后，一种深沉的平静会遍布身心，那种祥和的状态唯有亲身体验过的人才能了解。多数禅修体系都只强调“定”的成分，禅修者将心集中在单一对象，例如祈祷、唱诵、烛焰或宗教形象上，排除内心思维与感受。这种禅定的乐受①会一直持续到禅修者下座为止。它是美好、愉悦、有意义与吸引人的，不过也是短暂的。

修习内观，是一个渐进的过程

另一个禅修的成分是修习内观。修习内观者以禅定为工具，让洞见得以打破障蔽实相光明的妄念之墙。这是一个渐进的过程，先逐步增强洞见，以深入实相的领域。也许几年之后，有一天，禅修者会突然打破围墙，发现光明。转化的过程完成之后，即为“解脱”，它是持久的。解脱是一切佛教修行体系的目标，不过达到目标的路径却有很多条。

① 乐受，“受”乃是领纳对境而觉苦乐的精神作用。乐受，也就是领受顺情之境而感到身心舒适愉悦。

佛教内部存在许多部派，可以分成两大思想主流：大乘（Mahāyāna）与上座部。大乘佛教流行于整个东亚地区，影响所及包括中国、韩国、日本、尼泊尔与越南等国家（或地区）的文化。最广为人知的大乘系统是禅宗（Chan或Zen），盛行于中国[①]、日本、韩国、越南与美国等国家。上座部的修行系统则流行于斯里兰卡、泰国、缅甸、老挝与柬埔寨等南亚与东南亚的国家。本书所谈的内容是关于上座部的修行。

透过觉知和呼吸达到正念

传统上座部文献详细解说了修止与修观的技巧，根据巴利文献记载，禅修的主题共有四十种[②]，它们都可以被拿来作为修习禅定与开发内观的对象。由于讲的是禅修的基础，因此我们将只集中讨论最根本的对象：呼吸。本书将介绍如何透过单纯察觉与掌握整个呼吸的过程，达到正念。以呼吸为专注的焦点后，禅修者可以观察他的整个认知世界。禅修者学习观看一切身体经验、感受与思想的变

① 原书作者只提到日本禅（Zen）而没有提到中国禅（Chan），因此也没有将中国包括在内，这对作为禅宗发源地的中国来说，实在是一大讽刺。

② 四十业处，包括：（1）十遍处，指地遍、水遍、火遍、风遍、青遍、黄遍、赤遍、白遍、光明遍、限定虚空遍；（2）十不净，指膨胀相、青瘀相、脓烂相、断坏相、食残相、散乱相、斩斫离散相、血涂相、虫聚相、骸骨相；（3）十随念，指佛随念、法随念、僧随念、戒随念、舍随念、天随念、死随念、身至念、安般念、寂止随念；（4）四梵住，指慈、悲、喜、舍；（5）四无色，指空无边处、识无边处、无所有处、非想非非想处；（6）食厌想；（7）四界差别。《清净道论》第三品至第十一品都在讲定，对此有详尽的说明。

化，并且学习研究他自己的心理活动与意识转变。这一切改变不断发生，我们随时都可以经验。

禅修是一种活泼的活动，一种根植于经验的活动。它不能只被当成学理来讲授。这个过程活泼的精神一定得来自老师自身的体验。话说如此，还是有不少关于禅修的典籍流传下来，其中有许多乃是出自这个世上最有智慧者与内心最光明者之口，这类典籍就相当值得参考。本书大多数的论点都援引自“三藏”（Ti-piṭaka），即三种佛陀原始教法的合辑。这三藏包括：（1）律藏（Vinaya-piṭaka），内容是比丘、比丘尼与在家弟子的戒律；（2）经藏（Sutta-piṭaka），佛陀公开的说法；（3）论藏（Abhidhamma-piṭaka），一套深奥的心理与哲学教法。

公元1世纪，著名佛教学者优婆提沙（Upatissa），写下了《解脱道论》（Vimuttimagga），将佛陀对于禅修的开示做了一番归纳整理。公元5世纪，另一位伟大的佛教学者，名为觉音（Buddhaghosa），在同样的基础上完成了《清净道论》（Visuddhimagga），今日依然是禅修的范本。

我们在此尝试为你做最清晰与最简明的内观禅法的指导。本书提供你禅修入门的基础，至于是否继续向前去找出你是谁以及人生的意义，则完全取决于你自己。这是一段值得探索的旅程，祝你成功。

第一章

为什么要禅修？

我们的内心充满不满与批评，我们在自身周遭筑好围墙，因而被困在自己爱憎的牢笼中，感到痛苦万分。

你知道还有其他的生活方式

禅修并不容易，需要投入时间与精力，此外还需要勇气、决心与纪律。它需要我们平常不喜欢而且还会设法逃避的许多个人特质。简单来说，这些特质就是两个字——“魄力”。禅修需要魄力，相形之下，坐下来看电视当然要简单得多。因此，为什么要努力禅修？为什么要浪费可以出去玩乐的时间与精力？为什么？答案很简单，因为你是人。就只是因为“你是人”这个简单的事实，你发现生命中始终有着摆脱不掉的苦（不圆满[①]的现象）。你可以压抑自己的知觉一阵子，或者接连几个小时都不去想，但是它总会再回来，而且通常是在你最不希望它出现的时候。突然间，似乎很意外，你睡不着，内心备受煎熬，这时你才了解自己生命的实际状况。

就这样，你突然醒悟，花了一辈子的时间都只是在应付。你刻意维持体面，让事情从表面看起来很平顺；然而受挫折的过程，那些难受的时光，就只能埋藏在自己心底。你其实是一团糟，你自己也知道，但是掩饰得很好。一路走来，你只知道应该还有其他的生活方式，一种看待世界更好的方式，或者更完整地接触生命的方式。偶尔你会进行得很顺利：你得到一份好工作、谈恋爱，或者赢得比赛。有时候事情真的不同，生命丰富而清明，一切坏时光与无

① 圆满，周遍充足，无所缺减。

聊之事都消失无踪。你的感觉焕然一新，于是你对自己说："好，现在我办到了，现在我很快乐。"但是，之后它又消失了，就像风中烟尘一样，徒留回忆与迷惘。你模糊地意识到有些事情出了错。

你到底哪里出了错?

你觉得生命中真的有一个深刻而敏感的非凡领域，只是你现在看不见它而已。然而，结束的感觉就像是一刀两断，突然之间，你与甜美绝缘了，无法再透过感官去吸取那种经验。你无法触碰到真实的生命，既然无法再次办到，当然再也快乐不起来。之后，连那个模糊的意识也不见了，你重新回到以前的世界——那个阴暗的老地方。那是一种情感的云霄飞车，大部分的时间里，你都蛰伏在轨道底层，内心却冀望着能够一飞冲天。那么，你到底出了什么错？你是怪胎吗？不，你只是一个平凡人。你因为染上所有人都染患的痼疾而受苦，它就像一个怪物，躲在所有人的内心深处，它有许多手臂：长期紧张、对别人缺乏真正的同情（包括最亲的人在内）、封闭的感情与低落的情绪等。我们没有人能完全脱离它，我们也许会否认它，或试着压抑它。我们创造出一套文化来躲避它，假装它不存在，用各种目标、计划或状况来使自己分心。但是它从来没有真正离开过，而且还经常潜伏在每一个想法与每一个知觉的底层。我们的心底一直有一个细小的声音在说：

“还不够好，还要更多，还要做得更好，一定要更好。”它是一个怪物，一个以微妙形式出现在所有地方的怪物。

去参加一个派对，听听笑声。那些尖锐的声响，传达出表面上看似欢乐、骨子里却惶然不安的信息。感受一下那种紧张与压力。没有人真的放松，大家都只是假装而已。去看一场球赛，看看观众席上的球迷，看看他们的不理性的愤怒情绪，看看隐藏在热情与团队精神背后的假象，即将爆发出来的失望情绪。嘘声、尖叫，以忠诚为名而行放纵之实的自我主义，酗酒与观众席上的打斗等，这些都是人们极度渴望释放内在压力的表现，他们的内心一点也不安稳。看看电视新闻，听听流行歌曲，你发现不断反复变奏的是同样的主题——嫉妒、痛苦、不满与紧张。

生命不变的真理就是不断改变

生命似乎成了无止境的挣扎，辛苦努力就只是为了对抗势不可当的苦厄。我们如何解决这一切不圆满的现象呢？我们都得了“只要”综合征：只要我有钱，我就会很快乐；只要我能找到一个真正爱我的人；只要我能减轻二十磅；只要我有一台彩色电视机、一个热水浴缸、一头鬈发，以及数不尽的事物。这些妄想从哪里来？更重要的是，我们应该怎么办？它是从我们自己内心的因缘中产生的。它是无所不在的习气，是慢慢缠绕而成的结，需要我们以同样的方式，一次一小段，慢慢解开它。我们可以集中精神，先挖出一小段，把它暴露在光亮处。我们可以让无意识变成有意识，一次一小段，慢慢来。

我们经验的本质就是变化。变化永不止息，生命无时无刻不在流逝，永远不可能跟原来一样。无尽的变动正是知觉宇宙的本质。你的脑子才刚冒出一个念头，半秒之后旋即消失，接着冒出另一个，也一样消失无踪。一个声音震动了你的耳膜，之后就恢复宁静。张开你的双眼，世界顿时涌现，一合眼，它又不见了。人们在你的生命中来了又去，朋友离开，亲人消逝。你时来运转，然后再走下坡。有时候你赢，但是和平常一样，你又输了。它永不止息：变化、变化，再变化，永远没有两个时刻完全相同。

不要以为这种情况出了什么差错，事实上，宇宙的本质就是如此。但是对于这种无尽的流动，人类的文化却教导我们做出一些奇怪的反应。我们把经验分类，并且试图捕捉每一个感受，每一个在无尽流动中的心灵变化，再把它们分别放入“好”、“坏”与“不好不坏”这三个心灵的鸽巢。之后，根据鸽巢，我们以固定的、习惯性的心灵反应产生认知。如果一个特别的感受被标示为“好”，我们就会尝试将时间冻结在那里，紧抓着那个特别的想法，抚弄它、把玩它，尝试不让它跑掉。当它留不住时，我们便竭尽全力重复那个会引起这种想法的经验，让我们把这种心灵习惯称为“执着”。

是好，是坏，还是不好不坏?

心灵的另一边放置着被标示为“坏”的鸽巢，当认知某样事物“坏”的时候，我们就会尝试把它推开，试着否定它、排斥它，想尽办法避开它。我们抗拒自身的经验，把自己弄得支离破碎，让我们把这种心灵习惯称为“排斥”。在这两者之间是“不好不坏”的鸽巢，我们把不好也不坏的经验放进去。它们是温和、中性而无趣的。我们把经验打包，放入“不好不坏”的鸽巢里，如此一来，我们就可以忽略它，重新把注意力集中到无尽的贪爱与憎恶的行为上。因此，这种“不好不坏”的经验就被剥夺了它应该受到注意的地位，让我们把这种心灵习惯称为“忽略”。这一切疯狂行径的结果就导致我们一直故步自封，无止境地追求欢乐，无止境地逃避痛苦，以及无止境地忽略我们百分之九十的经验。之后，我们质疑“为什么生命如此乏味”，分析到最后，这套系统根本就不管用。

无论你如何努力追求欢乐与成功，还是会有失败的时候；无论你跑得多快，苦难总有追到你的时候。在那些时候，生命无聊得令你想放声尖叫。我们的内心充满不满与批评，我们在自身周遭筑好围墙，因而被困在自己爱憎的牢笼中，感到痛苦万分。

“苦”在佛教思想中是个重要的字眼。它是一个关键字，需要被彻底了解。这个字的巴利文是dukkha，它不只是指身体的痛苦，而且是一种深沉且微细的不圆满的感觉，存在于心的每一个瞬间，是内心故步自封的结果。佛陀这么说过："生命的本质就是苦。"乍听之下，这个说法似乎太过病态与悲观，甚至显得不真实。毕竟，我们还是有许多快乐的时光，不是吗？不，并没有，只是看起来像有而已。想想你真的觉得满意的时光，仔细检视，在愉悦底下，始终潜伏着微细而无所不在的紧张。无论多么棒的时光，还是有结束的时候；无论你获得多少，无可避免地，你不是失去它，就是要用下半辈子一边守着它，一边计划如何得到更多。最后，你还是免不了一死。到头来，你终将失去所有。一切都是无常的。

听起来很凄凉，不是吗？很幸运，不，一点也不凄凉。只有当你从世俗心灵的角度来看的时候才会觉得凄凉，只有在那个故步自封的机制下运作才是如此。除此之外有另一种视野，一个完全不同的世界观。在那个层次，内心不会想尝试冻结时间，不会试图抓紧即将流逝的经验，也不会把事物排除在外，或者是忽略它们。那是个超越好与坏、乐与苦的经验层次。那是个看待世界的有趣方式，并且是可以学会的技巧。虽然并不容易，却是可以学习的。

你想要怎样的人生？

快乐与安稳真的是人生的主要课题，是所有人努力追求的目标，但经常被不经意地忽视，因为那些根本目标都被表面事物遮蔽了。我们想要食物、财富、性、娱乐与尊重。我们甚至告诉自己，“快乐”的概念太抽象了：“瞧！我很实际，只要给我足够的钱，我就会买到我需要的快乐。”很不幸，这种态度根本行不通。检视这里的每一个目标，你将发现它们都很肤浅。你想要食物，为什么？“因为我饿了。”你饿了？那又怎样？“嗯，如果我吃东西，就不会饿，那么我就会觉得很好。”哈！“觉得很好”？现在真正的关键词出现了。我们真正追求的不是表面的目标，那只是过渡的方法而已。我们真正追求的是本能需求得到满足时的舒缓的感觉。我们只要安稳与快乐就好，不再有任何渴望。

你真的快乐吗？

那么这个“快乐”是什么？对我们多数人来说，完美的快乐是得到一切想要的东西，把它们纳入控制之下，像恺撒大帝一样君临天下，把全世界玩弄于股掌之间。再一次，这一套也行不通。看看历史上那些真正的掌权者，他们都不是快乐的人。他们活得并不自在，为什么？因为他们想要完全掌控世界，但是根本办不到。他们想要控制所有的人，但还是有人拒绝被控制。这些有权力的人无法控制宇宙星辰，他们仍然会生病，也仍然会死去。

你想得到一切想要的东西，那是不可能的。幸好，你还有另外一种选择：你可以学习控制你的心，跳出贪爱与憎恶的无尽循环。你可以学习不去想你想要的东西，了解欲望而不被它们所控制。这并不是叫你干脆躺在地上，让所有人来践踏你。它意味着你可以继续像平常一样过日子，不过，是透过一种全新的观点来生活。你做一个人应该做的事，却不让自己受到欲望的迷惑与压迫；你可以想要某些东西，却不需要追着它跑；你害怕某些东西，但不需要因此而僵在那里打哆嗦。这种心的修行很难，需要花上好几年的时间，但是，试图控制每一件事却是不可能的，困难总比不可能要好。不过，等一下，安稳与快乐！那不正是指“文明”吗？我们建造摩天大楼与高速公路，我们去度假或者买电视机，我们设立慈善机构，提供病假、社会安全与福利制度，一切都是为了某种安稳与快乐的目标而设立的。虽然如此，心灵疾病的比例却持续攀升，犯罪率更是快速上扬，街上充斥着好斗与危险的人。把你的手伸出安全的自家门外，很可能就会有人觊觎你的手表！有些事情出了问题，一个快乐的人不会偷窃，一个内心自在的人不会有杀人的冲动。我们一厢情愿地认为这个社会正在善用人类的一切知识，以达到获得安稳与快乐的目标，事实却不然。

发现“你是多么疯狂”

到如今我们才了解，过度开发物质层面，却会因此破坏感情与心灵层面，为此，我们付出了惨重的代价。这说明了今日美国人在道德与精神素质上下滑的原因，以及需要奋起直追的方向。我们应该从自己的内心做起，仔细向内看，保持忠实与客观，我们每一个人都将发现“我是有过失的”，以及“我是多么疯狂”。当我们发现的时候，把它看个仔细，看个明白，不要怨天尤人，如此一来，我们就能够脱离现在的处境，不断提升。除非真正认清现在的处境，否则你不可能彻底改变自己的生活形态。当你认清事实时，改变自然会发生。你无须勉强、挣扎或服从权威人士制定的规则。它是自发的，你就这样改变。不过要达到最初的洞见却需要下一番功夫，你必须在没有任何幻想、判断与抗拒的前提下认清你是谁，以及你的情况如何。你应该看清楚你在社会里的角色与功能，看清楚你的本分与义务，尤其是看清身为一个人，你对他人负有哪些责任。最后，你应该认清，个体虽然完整，但却是相互关系中不可分割的一部分。听起来好像很复杂，事实上却可以在一瞬间完成。透过禅修来开发内心，最能帮助你达到这种觉悟与寂静之乐。

禅修能从内在彻底转化一个人

《法句经》(*Dhammapada*)[1] 是一本古老的佛教经典(比

---

① 《法句经》，书名，意思是“真理之语言”。三国竺将炎和支谦共译的佛教典籍，共2卷，39品，752偈。系采自佛经偈颂，分类编辑而成。本经除汉译本外，尚有巴利文和藏文传本，内容略有不同。在南传佛教中，本书为佛教徒的必读书。

弗洛伊德[①]还早数千年），其中有一段说道：“你现在的样子，是你过去的果；你未来的样子，则是你现在的果。恶念的后果会一直跟着你，就像牛车被牛拖着走一样；清净心的后果也会一直跟着你，就像你自己的影子一样。没有人——包括亲属与朋友在内，能像你自己的清净心一样帮助你。一颗训练良好的心，将会为你带来快乐。”

禅修的目的就是净化内心，清除困扰你的贪心、嗔恨与嫉妒等烦恼。禅修为内心带来平静与觉醒，达到一种安定与内观的境界。

在这个社会中，我们都是教育的信徒，相信知识会让人更文明。不过，文明只能修饰一个人的外表，让高尚而世故的谦谦君子承受着战争与经济崩溃的压力，一筹莫展。因为害怕惩罚及带来的后果而守法是一回事，因为清除那会让你偷窃的贪欲以及唆使你去杀人的嗔心而绝对地守法，则又是另外一回事。丢一块石头到河里，流水会把它的表面磨平，但是它的内在却不会改变。把那块石头丢到红彤彤的火炉中，它会熔化，整块石头从里到外就此改变。文明只会改变一个人的外表，禅修则能彻底转化一个人的内在。

禅修被称为“伟大的老师”，它是净化的炉火，透过觉知缓慢地运作。你的了解愈深入，你就愈具有弹性与耐性，而且愈慈悲，变得像完美的父母或理想的老师，随时准备

---

① 弗洛伊德（Sigmund Freud，1886—1939），奥地利精神病学家，精神分析的创始人。1900年发表《梦的解析》，认为性欲受到压抑，以掩饰的形式表现出来就是梦。

宽恕与包容。你因了解别人而爱人，因了解自己而了解别人。你深入内观，看出自我的虚妄以及人性弱点，你了解自己并且学会宽恕与爱人。当你学会对自己慈悲时，那么，对他人的慈悲也就油然而生。一个禅修有成者已经对生命达到深刻的觉悟，他或她必然会对世界有着深刻无私的爱。

你的傲慢蒸发了，敌意也就枯竭了

禅修很像开垦新生地。要在森林辟出一片田地，首先得清理树林，将残株消除，然后犁田、施肥与播种，最后才能有收成。开发内心也一样，你应该先清理路上的各种障碍物，把它们连根拔起，让它们不会再长出来；接着你必须施肥：在心田里灌注精力与纪律，然后进行播种，最后才能收获信心①、戒律②、正念与智慧的果实。

值得一提的是，此处的信心与戒律有特殊的意义。佛教中所说的“信心”，不是一股脑儿地鼓励人们信仰经典、先知或权威人士。此处信心的意义更接近于自信。认知某样事物为真，是因为你看到了它的运作，因为你亲自观察过它。同样，戒律不是盲目顺从权威人士制定的行为准则，而是一种你认为比你现在的行为更殊胜，从而自觉主动遵

① 信心，信受所闻所解的佛法而没有疑惑，也就是远离怀疑的清净心。

② 戒律，为防止佛教徒邪非的戒律。《高僧传》卷一记述昙柯迦罗译出僧祇戒心图，更请印度僧人设立羯磨法受戒。此为我国戒律之始。唐代，鉴真前往日本，在东大寺设戒坛受戒，并建立唐招提寺弘传戒律，于是戒律在日本开始流传起来。

循的健康习惯模式。

禅修的目的是达到个人转化。进入禅修一端的“你”与踏出禅修另一端的“你”不同。禅修透过一连串让你变得更敏锐的过程，借由深入察觉你的思维、话语与行为，而改变你的性格。你的傲慢蒸发了，敌意也就枯竭了。你的内心变得平静，生命也就安定下来。像这样，做好禅修，将能帮助你悠游于顺境与逆境之中。它能控制你的紧张、恐惧与忧虑。你不再心神不定，激情也能获得控制。你开始明白事物，生命从挣扎的姿态转变成自在滑翔，这一切都是透过觉悟而来的。

禅修令你专注与思考的力量更强。然后，慢慢地，你自己潜在意识的动机与机制变得清楚起来。你的思想的精确度也提高了，你逐渐抛开偏见与妄想，洞见事物的实相。

这些理由是否足够支持你费工夫去修禅？大概不够。这些都只是纸上谈兵的论证而已，要了解努力修禅是否值得，只有一个方法：学习正确地做，并且亲自去体验。

第二章

禅修不是什么？

我们将教导你，以平静与离染的态度观察内心的运作，如此你将从自己的行为中获得洞见。

“禅修”这个词，你以前一定听过，否则你不可能拿起这本书。思维的过程就是一个环环相扣的概念，而所有的概念都与“禅修”这个词有关。其中有些概念是正确的，有些则毫无价值。有些适用于其他禅修系统，而与内观禅修毫不相干。在我们继续往下谈之前，有必要先消除神经网络内的“渣滓”，好让新的信息能畅行无阻。让我们先从一些最明显的事物开始。

这里不会教导你注视自己的肚脐或持诵神秘咒语，你也不必去降妖伏魔。你不会因为表现良好而获赠彩带，也无须剃头或包头巾。此外，你更不用抛弃财产，住到寺庙里去。事实上，除非你的生活堕落而腐化，否则你可以马上开始学习禅修，并且获得进步。听起来很令人鼓舞，不是吗？

有许多关于禅修主题的图书，其中多数都是出自特定的宗教或哲学传统，然而许多作者并未明确指出来。他们将一切说得好像是普遍的法则，实际上却是只限于特定修行系统的特殊程序。更糟的是，这些装饰华丽的复杂理论与诠释之间经常出现不一致的情况。结果真的是一团糟：一堆矛盾意见组成的大杂烩，其间还混杂着许多不相干的资料。这本书则相当明确，只讨论内观系统的禅修。我们将教导你，以平静与离染[①]的态度观察内心的运作，如此你将从自己的行为中获得洞见。目标是觉知，一种深刻、集

① 离染，也叫作“离贪”“离欲”，远离贪染的意思。根据《大毗婆沙论》卷二十八的解释，从狭义上来说，指远离贪欲；从广义上而言，则泛指远离烦恼，而以离染总摄一切有为的善法。在此取狭义之解。

中与和谐的觉知，让你能洞察事物的本质。

一般人对于禅修存在着许多常见的误解，我们常见新手一再提出相同的问题。你最好马上加以处理，因为它们是某种成见，会从一开始就阻碍你的进步。我们将逐个提出这些误解，并加以解决。

误解一：禅修只是一种放松的技巧

这里的症结在于“只是”这个字眼。放松是禅修的要素，不过内观禅修的目标要更高远一点。这个陈述对于其他许多禅修系统来说，或许非常贴切。所有的禅修方法都强调心的专注，把心停留在单一细节或单一思维范畴。在强度与深度上不断提升，你就能达到一种深刻而喜悦的放松，名为“禅那”（jhana）。那是一种最平静的境界，能带来心的狂喜——一种超越正常意识状态经验的喜悦形式。多数禅修系统都停在这里，以禅那为目标，当你达到之后，在接下来的时间里，也只是不断重复这个经验而已。内观禅修则不然，它追求另一个目标——觉知。专注与放松是伴随觉知必需的前导和便利的工具，也是有益的副产品。但是它们不是目标，目标应该是洞见。内观禅修是一种深奥的宗教修行，目的在于净化与转化你的日常生活。我们将在第十四章中进一步探讨“止”（禅定[①]）与“观”（洞见）的差异。

① 禅定，禅与定皆为令心专注在某一对象上，进而达到不散乱的状态。更详细的内容，请见第三章。

误解二：禅修是指进入出神状态

这个标题的陈述只适用于某些禅修系统，而非内观禅修。内观禅修不是一种催眠形式，你并非试图蒙蔽自己的心而让它变成无意识状态，或者试图让自己变成没有感情的植物。反之，内观禅修是要让你愈来愈了解自己的感情变化，你将学会如何更清楚、更准确地了解自己。在学习这个技巧的过程中，某些像出神之类的状态确实会发生在观察者的身上。不过，禅定与出神，两者其实正好相反。在催眠的出神状态中，主体很容易受到外界的控制；但是在深沉的禅定中，禅修者却大都在自己意识的控制之下。相似之处仅止于表象，不管怎么说，这些现象都不是内观的要点。如同我们先前所说，禅那只是一种工具，或是迈向更高觉知的垫脚石。内观的定义就是“培养正念（念念分明）或觉照”。如果你发现你的禅定变成无意识状态，那就表示你并非依据内观系统的定义在修行。

误解三：禅修是无法被理解的神秘修行

同样，这几乎是事实，却又不尽然如此。禅修时的意识层次比思维概念的意识层次更深。因此，有些禅修的经验难以言传，不过，那并不表示禅修无法被理解。有比语言更深刻的方式可以理解事物。举个例子，你了解怎么走路，虽然你可能无法描述神经纤维与肌肉的运作程序，但是你知道怎么去做。禅修需要像那样透过实践才能被理解，它不是你可以在抽象领域中学习或谈论的事物，它是需要被体验的。禅修并不是机械化的公式，它不会自动输出可以预测的结果，你永远无法准确预测每一次禅修可能会发生什么事情。每一回禅修都是一次研究、实验与探险。事实上，我们可以反过来说，当你的修行达到一种可以预期而且每次都相同的感觉时，你就应该警觉，你已经偏离轨道而且停滞不前了。学习将每一秒钟都看成宇宙中第一而且是唯一的一秒，这是内观禅修的基本观点。

误解四：禅修的目的是神通[①]

不，禅修的目的是开发觉性。学习读心术不是它的要点，浮升在空中不是它的目标，它的目标是解脱（liberation）。神通的现象与禅修之间确实有某种关联，不过这种关联是复杂的。在禅修的早期，这种现象不一定会出现。有些人可能会经验到一些直觉的了解，或对前世的回忆。无论如何，这些都不能被视为发展健全或可信赖的神通力，不应该被过度重视。事实上，这种现象对新手而言很危险，会使得他们很容易受到诱惑——可能是一些自我的陷阱，引诱你出轨。最好的做法是，根本不要强调这

① 神通，又叫作“神通力”“神力”“通力”等，也就是依修禅定而得到的无挂碍、感觉自在、不可思议的作用。

些现象，如果它们出现，那很好；如果没有出现，那也很好。在禅修生涯中，到了某一阶段，修行者可能会修习特别的法门以开发神通力，不过那是很久以后的事了。只有在禅修者达到很深的定境后，才有足够的能力这么做，否则将有失控或丧命的危险。禅修者获得神通的目的是利益众生，在多数情况中，这种事通常都要花好几十年的工夫才可能办得到。现在不需要担心这点。只要集中心力不断开发觉知即可。如果有声音或影像出现，只要看着它们，让它们自己消失，不要被卷进去。

误解五：禅修很危险，一个谨慎的人应该避开

每件事都很危险，过马路可能被车撞到，洗个澡也可能会弄断脖子。禅修，则可能会勾起你过去种种不好的回忆。已经在心里压抑许久的东西突然冒出来可能会很吓人，不过，探索它是相当值得的。没有一项活动完全没有风险，但这并不表示我们就应该把自己裹在保护茧中。那不是生活，而是提前死亡。面对危险的方法是先了解大概的情况：有多严重、关键何在以及如何解决等，这些才是这本书的目的。内观是开发觉知，本身并不危险；相反，增长觉知是对抗危险的保障。如果方法正确，禅修是非常温和而且渐进的过程。放慢脚步并保持轻松，你的修行会很自然地进行。不要太勉强自己，直到你遇见一位合格的老师，在他的细心指导与睿智的保护下，你才可以借由密集的禅

修加快进步的速度。然而在刚开始时请保持轻松，温和地进行，一切都会很好的。

误解六：禅修是圣贤所为，不适合一般人

这种态度在亚洲很普遍。在那里，比丘与圣者们理所当然受到高度尊崇，这种情况就像是美国人崇拜电影明星与棒球英雄一样。这些样板式的人物被过度夸大，并被赋予一般人难以企及的各种特质。即使在西方，禅修也受到一些类似这样的对待。我们想象中的禅修者，都是超凡入圣的人物，他们嘴里的奶油好像永远不会融化一样。只要稍微接触过这些人，这种幻想就会不攻自破。他们通常只是精力充沛与品位高的人，对生命充满惊人的活力。

当然，那是真的，多数圣者都修禅，但是他们并非因为他们是圣者而修禅，那是本末倒置的说法。他们之所以成为圣者乃因为他们修禅，修禅是他们到达彼岸的方法。在成为圣者之前，他们得先修禅，否则无法有所成就。许多学生似乎觉得开始修禅之前，在道德上必须没有瑕疵才行。这个说法根本行不通。戒律必须以一定程度的修心为前提，你不可能在没有丝毫自制的前提下持戒[①]。如果你的心一直都像自动售货机里的水果罐头一样转个不停，就根

① 持戒，护持戒法的意思，也就是受持佛所制定的戒律而不触犯，与“破戒”相对。

本谈不上自制或持戒，因此修心是首要的工作。

在佛教的禅修中有三个不可或缺的元素：戒、定[①]、慧[②]。修行的提升一定得靠这三者的成长，它们彼此相互影响，因此你是同时修这三项，而非分开来修。当你具备如实了解情况的智慧时，对众生的悲心[③]便会油然而生。悲心的生起，意味着你会自动自发地抑制可能伤害自己或他人的想法、言语或行为。如此一来，你的行为便会自动符合戒法。只有在无法深入了解事物时，你才会制造问题。如果没有看清自己行为的后果，你就会犯错。那些期待道德圆满之后才准备开始修禅的人，简直是痴人说梦，永远不可能实现的。古代圣哲说，这种人就像要等待海水平静之后才开始洗澡一样。

为了更清楚地了解这种关系，让我们将道德分成几个层次。最低一层是遵守一组由某人制定的规则，那个人可能是你喜爱的先知，也可能是政府与部族的首领，或者是你的双亲。无论是谁制定这些规则，在这个层次，你需要的只是循规蹈矩，一个机器人就可以这么做。如果规则够简单，而且在每一次犯错时就受到惩罚，那么即使一只受过训练的黑猩猩也可以做得不错。在这个层次上完全不需要任何禅修，你只需要规则，以及有人在一旁挥舞棍子。

---

① 定，全心专注在一个对象上，达到精神集中，毫不散乱，也就是指凝然寂静的状态。与“定”相反的叫作“散”，两者合称为“定散”。

② 慧，指推理、判断事理的精神作用。心所之名。

③ 悲心，悲他之苦之心也。

另一个层次的戒律，是在没有任何人督促的情况下遵守相同的规则。你遵守，是因为你已经将这些规则加以消化，然后放在心里，每一次犯错时，你就会拿出来惩罚自己。这个层次需要一点心的自制，如果你的思维形态是混乱的，那么你的行为也一样会是混乱的，修心将能减少心的混乱。

第三个层次的戒律，更有资格被称为“道德”。这个层次对前两个层次而言是一大进步。在这个道德层面，一个人无须遵循权威人士所制定的那些规则。他选择遵守一条由正念、智慧与悲心构成的道路。这个层次需要真正的智能，以及随机应变的能力，以便每一次都能做出独特、创新与适当的反应。做这些决定之前，这个人必须先跳脱自己狭隘的个人观点，他必须能客观地观察，平等看待自己与他人的需要。换言之，他必须让自己跳脱贪欲、憎恨、嫉妒与其他自私的心结，因为凡此种种会让我们看不清楚别人的情况。唯有如此，他才能表现出最合宜的行为。除非你生来就是个圣人，否则这个层次的道德绝对需要禅修，除了禅修之外，没有其他方法可以达成目标。在这个层次上需要厘清的事情极为复杂，你可能无法照顾到每一个烦琐的细节。有限的智力会应接不暇，不过，还好有深层意识可以轻松地处理这些复杂的事。禅修可以帮助你完成厘清的过程，那是一种奇特的感觉。

假设有一天你碰到了问题，譬如说，处理赫曼叔叔的离婚事宜。这事看起来很棘手，一大堆“可能”状况令聪明的所罗门王[①]也头痛不已。隔天，当你边洗盘子边想着其他的事情时，突然间，答案出现了。它就这样从心底冒上来，然后你“啊哈”一声，整件事就这样解决了。这种直觉只有在你将逻辑思考抛开，让深层意识有机会自己去理出头绪时才会发生。表层意识只会造成阻碍，禅修教导你如何解开思维过程的束缚。这是跳脱成见的心灵艺术，它在日常生活中是很有用的技巧。禅修当然不是只适用于苦行者或隐士而与你毫不相干，它是你平常就用得到的实用技巧，可以马上应用在每个人的生活中。禅修不是“离尘绝俗”的。

很不幸，这个事实却成了某些学生的缺点。他们着手修行，期待天使欢唱，迅即获得天启[②]。不过，他们通常得到的是更有效地处理垃圾以及解决赫曼叔叔问题的方法。他们不用失望，垃圾解决方案先来，天使长的声音一会儿就会到。

误解七：禅修是逃避现实

不对，禅修是紧扣现实的。它不会把你与生命中的痛

---

① 所罗门王，以色列极富智慧的君王。相传，以色列的大卫王临终时依上帝指示，将王位传给儿子所罗门。所罗门登基后，依父亲遗愿，虔诚信奉上帝。据记载，上帝曾对所罗门王显现，并说：“不管你求什么，我必可给你。”所罗门王不求长命百岁，也不求荣华富贵，只求智慧。上帝见他信仰虔诚，于是将智慧赐给了他，从此，富有智慧的所罗门王将国家治理得很好，成了以色列史上最有名的君王。详细史事可见《旧约圣经》列王纪上。

② 天启（revelation），亦译“启示”，广义上指将未知或未明确了解的事透露出来，通常是透过神圣的方法或超自然方法。许多宗教都有“天启”的传统，也就是说上帝向人显示其旨意和真理，且认为信仰的根基在于上帝的启示，在此作者所言应该是西方的基督教（虽然犹太教和伊斯兰教都有）。

苦隔开，反而是帮助你更深入生命中的一切层面，好让你能突破痛苦的障碍，超越苦厄。内观禅修是以面对现实为出发点，完全体验生命的实相，并且如法而行。它能让你看穿假象，跳脱过去你一直告诉自己的谎言。事实就是事实，你就是你，在缺点与动机上欺骗自己，只会让你愈陷愈深。内观禅修不是试图让你忘却自己，或掩饰你的烦恼。它的目的是让你能如实观察，并且完全接受事实。只有这样，你才有可能改变它。

误解八：禅修是狂喜至乐的好法子

嗯！也对，也不对。禅修有时候确实会创造出令人愉悦的喜乐，但是那并非禅修的目的，而且不一定会发生。况且，如果你心中抱着那个目的修禅，效果可能反而不如只是为了禅修而禅修。真正的禅修乃是开发觉知的修行。喜乐来自放松，而放松则来自压力的释放。在禅修中追求喜乐会造成压力，反而毁了整个禅修过程的喜乐链接。这是矛盾[①]的：唯有当你不追求它时，才有可能放松，体验到幸福感。愉悦不是禅修的目的，这种感觉经常产生，但是它只应该被视为副产品。尽管如此，它仍然是一种令人

① 此处原文为 Catch-22，即《第二十二条军规》，这是美国作家海勒（J. Heller）所著的长篇小说，1961 年出版。大意是说，在第二次世界大战中，美国一些空军士兵以精神错乱为理由请求离开现役，经审查均未获批准，因为能提出这样的申请就证明他们精神正常。因此，“第二十二条军规”就表示一切不合逻辑的行为或矛盾的情况。作者擅长使用美国人惯用的生活口语，以便引起读者的共鸣，这就是一个典型的例子。

愉快的副作用，并且会随着禅修时间的加长而更经常出现。去问问资深的禅修者，没有人会反对这个说法的。

误解九：禅修是自私的

表面上看起来确实如此，禅修者就静静地坐在一个小坐垫上。她去捐过血吗？没有。她去救助过急难吗？没有。但是让我们看看她的动机，她为什么要这么做？禅修者的动机是清除她自己的嗔心、自私与恶意，并且在这个过程中积极去除贪欲、紧张与昏沉。那些都是阻碍慈悲的因素，除非它们消失，否则她所做的任何好事都只不过是自我的延伸罢了，就长远的眼光来看，并没有真正的帮助。古老的把戏之一即是以助人为名而行伤害之实：西班牙宗教法庭[①]的大判官即高举最崇高的动机残害异己，而塞勒姆（Salem）[②]的巫士审判则标榜是为了“公共利益”。

检视禅修者的个人生活，你将会发现他们经常投身人道关怀的服务，他们不会为了狂热的宗教信念而发起圣战，牺牲无辜的民众。事实上，我们比自己所知道的更为自私。

---

① 宗教法庭，又被称为“异端裁判所”，是天主教教廷的司法机关，用以对付异端，以及处罚那些使用炼丹术、施行巫术和魔法的人。西班牙宗教法庭，在1478年开始运作，之后重新改组。早期时，刑罚十分残酷，尤其是西班牙南部，然而相关资料已所剩无几。

② 塞勒姆位于马萨诸塞湾波士顿市的近郊，1692年有20个无辜的女孩因被控为女巫在这里被处死。撰写《红字》（*The Scarlet Letter*）的美国作家霍桑（1804—1864）诞生于此地。如今市区还设有巫术博物馆，以纪念当年在惨剧中被无辜处死的女子。

如果情况许可，“自我”有办法将最崇高的行为变成毫无价值的垃圾。透过禅修，我们能如实地觉知自己，察觉到许多自私行为的微细形式。如此一来，我们才有可能达到真正的无私。去除你的自私，绝对不是一种自私的行为。

误解十：禅修，是坐下来思考高深的思想

又错了，有些冥想学派确实是这样做的，不过内观却不同。内观是察觉的练习：如实地察觉，无论是究竟实相，或者事物的细节。事实是怎样，就是怎样。当然，在你的修行中，可能无可避免地会出现高深的思想。不过，它们不是你追寻的目标，它们只是令人愉悦的副作用而已。内观是一种单纯的修行，它的内涵是不带偏袒与成见，直接去体验自身的生活事件。内观是随时保持无私的观察，出现什么，就是什么，非常单纯。

误解十一：禅修几周之后，就可以解决所有的问题

抱歉，禅修不是速成的万灵丹。你现在开始观察无常，但是真正深远的效果可能要在几年之后才会显现出来。构成宇宙的法则就是如此，不要期待一夕速成。禅修从某些观点来看颇为棘手，需要长期自律以及艰苦的修行过程。每一次的禅坐都会有一些收获，不过它们通常都很微细，先是在内心深处酝酿，之后才会显现出来。如果你一直期

待巨大而迅速的改变，那么你将会错失整个微细的变化，并且将因此而感到沮丧，想要放弃，甚至怀疑根本没有这样的改变会发生。忍耐是关键。如果你从禅修当中没有学到任何东西，至少你学会了忍耐。忍耐是任何深远改变所不可或缺的重要因素。

第三章

禅修是什么？

禅修透过一连串让你变得更敏锐的过程，借由深入察觉你自己的思维、话语与行为，而改变你的性格。

"禅修"这个词，不同的人有不同的方法使用它。这看起来似乎没什么，其实不然。明确辨别说话者选用的文字，意义重大。也许地球上每一种文化都有各自可以被称为"禅修"的灵修，关键完全取决于你赋予这个词的意义。世界各地禅修技巧的差异很大，我们并不想一一检视，这方面已经有其他的人在做了。为了达成本书的目的，我们只集中探讨读者最熟悉的以及与"禅修"这个词关系最密切的修法。

你所听过的禅修方法

在犹太教和基督教的传统中，我们发现被称为"祈祷"与"冥想"的两种共通的修法。祈祷是直接针对圣灵，冥想则是持续一段时间针对某一个特定主题的一种有意识的思维，那个主题通常是宗教理念或经文段落。从修心的角度而言，这两者都是属于禅定练习。思维的洪流在此受到限制，心被有意识地控制。它们的效果和一般禅定练习的效果一样：感到深沉的平静，生理上的新陈代谢慢下来，并且生起一种祥和与幸福的感觉。

印度传统中有瑜伽禅修法，也只触及禅定的部分。传统的基本练习包括把心集中在单一对象——包括石头、烛焰或音节等上——不让它四处游荡。掌握这些基本技巧后，瑜伽士进一步把修行延伸到更复杂的禅修对象上，也就是唱诵、彩色的宗教图像以及身体的能量中心等等。无论这个禅修对象有多么复杂，这种禅修本身仍然只是禅定练习而已。

佛教的禅修目标是觉知

在佛教的传统中，禅定也非常重要。不过有一个新的元素加进来了，并且被着重强调，那就是“觉知”。佛教的一切禅修都将目标放在促进觉知上，禅定只是被拿来作为达到这个目标的工具而已。佛教的传统非常广泛，有好几条不同的路线可以达到这个目标。禅宗[①]的禅修使用两种截然不同的手段，第一种是以坚强的意志力全神贯注在觉知上，也就是只管打坐，抛开心中一切杂念，只是保持觉知地坐着。乍听之下好像很简单，其实不然（稍微试一下，你就会知道有多难）。第二种是临济宗[②]所使用的方法，把心从意识思维导入纯然的觉知，给学生一个难解的公案，让他去想办法解决，这令学生陷入一种可怕的处境。由于他无法摆脱那种痛苦的情况，逼得他必须进入当下意识思维清净纯然的体验，因为没有空间容得下意识思维。禅宗很强硬，虽然它对许多人有效，不过学习起来并不简单。

---

① 禅宗，又称为佛心宗、达摩宗、无门宗，指以菩提达摩为初祖，探究心性本源，期待“见性成佛”的大乘宗派。它是中国十三宗以及日本十三宗之一。中国自古就把专注于坐禅者的系统称为“禅宗”。

② 临济宗，中国佛教禅宗的一派。唐代禅师义玄从黄檗禅师得法后，在唐大中八年（854）到镇州，于滹沱河边建立临济禅院，举扬宗风，广收徒众。宗派也因寺而得名。弟子有灌溪志闲、宝寿沼、三圣慧然、兴化存奖等多人。到宋初，分出黄龙、杨岐两支派。自义玄以来，临济宗门徒众多，未曾断绝，并东传日本。

你真的是你吗?

另一个宗派几乎与禅宗完全相反，那就是密宗[①]。意识思维或者至少我们平时的做法，皆是自我（ego）的显现，这个自我就是你平常所认为的那个“你”。意识思维与自我密不可分。自我概念或自我不外乎一组心理印象与反应，那是人为强加在源源不断的清净的觉性之流上的。密宗试图借由破坏这个自我形象而获得清净的觉性，它是透过观想的过程达成的。学生被给予一个特定的宗教形象，例如密续[②]的本尊[③]，以便进行禅修。他彻底投入，达到与本尊合一的程度。他放下自己的个人认同，换上一个新的。你可以想象得到，这需要花一点儿时间，不过确实有效。在这个过程中，他了解自我建构的模式。他认出包括他自身在内的一切自我反复无常的特质，因此能解脱自我的束缚。最后，他可以选择一个自我，不论是以原来的或者他所希望的其他认同，他也可以选择都不要。结果是获得清净的觉性。密宗也不是你可以手到擒来的。

---

① 密宗，一种佛教宗派。一般认为密宗是7世纪以后婆罗门教融入大乘佛教的产物。强调三密（身、语、意）加持，即手结印契、口诵真言、观想本尊等禅修方法为“即身成佛”的快捷方式。流行于中国、日本，也有人称之为“秘密教”“真言宗”。

② 密续（tantra），在佛教中有两个意思：一是延续不断的意思，指从无知到证悟延续不断之流，二是指密续经典，有四部瑜伽：行续、事续、瑜伽续、无上瑜伽续。在此指前者，也就是所谓的密续乘，即使用适合行者根器的特殊法门，迅速圆证空性和大悲。

③ 本尊，指密乘修行者所尊奉、观修的一至数位佛、菩萨、金刚等，有有相、无相，有相之本尊指本尊的形象、种子字、手印等，无相之本尊指自性清净心，亦为修行者的自性清净心。

内观是佛教最古老的禅修方法，这个方法源自佛陀亲自宣说的《念处经》[1]（*Satipaṭṭhāna Sutta*）。内观是直接开发正念或觉知，在数年之中逐渐进行。人们将注意力谨慎地放在检视自身存在的某些层面上。禅修者训练自己逐步察觉更多的生活经验。内观是一种温和的技巧，却也非常彻底，它是一种古老而严谨的修心体系，一种以促进自身生活经验觉醒为目的的练习。它是凝神细听、留意观看与仔细实验。我们学习正确地嗅闻、完全地接触，并全神贯注于这些经验的变化上。我们学习倾听自己的想法，而不会陷入其中。

内观禅修的目标，在于洞见现象是无常、苦与无我的实相。我们以为自己已经这么做了，其实那只是错觉。从以下的事实就可以看出来：我们很少注意到自己生活经验上的起伏，就像是睡着了一样，也没有投入更多注意力去观察——这又是另外一个矛盾。

透过正念觉知的过程，我们慢慢察觉到自身的实相，不再受困于自我的形象。我们觉悟到生命的实相，它不只是好坏杂陈，或棒棒糖与皮鞭而已，那是一种错觉。如果我们勇于深入检视，并且方向正确的话，将会发现生命的纹理远比我们想象中的要更细致、深奥。

---

① 《念处经》，此处所指为巴利藏的《念处经》，佛陀在《念处经》中说，四念处（观身不净、观受是苦、观心无常、观法无我）的修习，是内观禅修的最高级课程；专注于身体构造部分的练习，不只能通向内观，而且也是借着训练专注使心宁静的最高级课程。

一种真正活着的感觉

内观是一种修心的形式，它能教导你以全新的观点去体会这个世界。你将开始学习真正发生在你身上、环绕在你身边，以及在你内心的事。那是一种自我发现的过程，一种参与其中的审视，你可以一边参与一边观察你自身的经验。你应该抱着这样的态度进行修行：“不要管先前别人是怎么教我的，忘掉理论、偏见与刻板的印象。我想要了解生命真正的本质，我想知道真正活着是什么感觉，我想领会生命真实而又深奥的意义，我不想只是接受其他人的解释，我想亲自见证。”

如果你能以这样的态度去修行，就一定会成功。你将发现自己能够客观而如实地观察事物的持续发展与变化。生命将呈现不可思议的丰饶，无法用言语加以形容，只能亲自去体会。

内观，让你用特别的方式去看

内观禅修的巴利文是 vipassanā bhāvanā。bhāvanā 的字根是 bhu，意思是“成长”或“成为”。因此 bhāvanā 的意思是“培养”，总是与心并用，所以 bhāvanā 可以翻译成“修心”。vipassanā 则是由两个字根演变而来的：passana 的意思是“看见”或“察觉”；vi 则是前缀，有复杂的内涵，可以粗略翻译成“以一种特别的方式”，或者“进入与透过一种特别的方式”。vipassanā 整体的意义是清楚而精确地洞见事物，认清每一个成分，拨开重重迷雾，掌握事物的实相。这个过程将带领我们清楚地认识每一个被检视对象的根本事实。将两个字放在一起，即 vipassanā bhāvanā，意思是以一种特别的方式看见，终致产生洞见与完全的觉悟。

在内观禅修中，我们培养这种看见生命的特殊方式。我们训练自己如实洞见事物的本质，并将这种特殊的察觉模式称为“正念”。这个过程确实与我们平常所经历的过程非常不同。我们通常并没有真正看清楚眼前的事物，而是透过思维与概念的有色眼镜去看待生命，并且误以为那些心灵的对象是真实的。我们深陷于这个无尽的思维之流中，而实相则不经意地从我们身旁溜过。我们总是无休止地追求欢乐与满足，努力逃避痛苦和不愉快。我们耗费所有精力，试图让自己感觉更好，以掩饰内心的恐惧和不安。与此同时，真实经验的世界则悄悄地从我们身边溜走。在内观禅修中，我们训练自己忽略经常想追求舒适的冲动，而以探究实相取而代之。讽刺的是，唯有当你停止追求平静时，真正的平静才会来临——这又是另一个矛盾。

当你放下追求舒适的渴望时，真正的满足才会生起；当你不再兴奋地追求满足时，生命的真实之美才会降临；当你能够不带幻想地觉知实相，并且承担所有痛苦与危险时，才会达到真正的解脱与安稳。这不是我们试图灌输给你的教条，它是一个看得见的事实，你能够而且应该亲自去验证。

不要在自己身上装上别人的脑袋

佛教已经有两千五百年的历史了，任何一个如此悠久的思想体系都有足够的时间发展出烦琐的教理与仪式。不过，佛教的根本态度始终是重视经验和反对权威。佛陀不但不强调正统，而且还是个真正反传统的人。他并未将他的教导制定为教条，而是提出一系列主张，让人们自己去验证。他邀请每一个人“亲自来看”。他对弟子说过一句话：“不要在自己身上装上别人的脑袋。”意思是说，不要一味地相信别人的话，要自己去看。

我们希望你在阅读这本书的每个字时，都要抱持这样的态度。我们不会说只因为我们是这个领域的权威，所以你就应该接受我们的看法。这完全不是迷信，而是经验的实相。根据书中的教导去调整你的认知模式，你将会亲眼看见，也唯有这样，才能为你提供一个信仰的基础。基本上，内观禅修是一种自我发现的练习，需要你亲自去探究。

说到这里，我们将提出一个简短的佛学要点导览。我们并不想完整地谈，这点已经有其他的书做得很好了。不过，由于这些内容对于了解内观有其必要性，因此必须稍微提一下。

此时此刻，你正在老化

从佛教的观点来看，我们人类活在一个非常奇特的生活模式中。虽然身边的每一件事都在不断变化，我们却仍将无常的事物看成恒常的事物。变化的过程永远持续发生，一如你现在在读这些字句时，你的身体正在持续老化，然而你根本没注意到；你手中的书正在变旧、褪色，书页逐渐斑驳；你身边的墙正在朽化，墙里面的原子以极高的速率在振动。每件事都在变化与缓慢消失，这点你也没注意到。然后，有一天你看着自己，你的皮肤发皱，关节疼痛。你发现书本是一种会泛黄的东西，建筑物也正在瓦解。因此，你为逝去的岁月而感伤，为失去你所拥有的东西而哭泣。这种痛苦来自何处？它来自你自己的不注意。你未能在生活中看清楚，当它经过时，未能观察世界持续的变化之流。你创造了心灵构筑的集合体："我"、"书"和"建筑"，并且认为这些都是坚固的实体，会一直持续存在——虽然它们永远不可能如此。但是现在，你可以察觉到无常的脚步，你可以学习将生命视为不断流动的过程，你可以学习看出一切因缘法的连续流动。你可以做到，只是肯不肯花时间与练不练习的问题。

停止概念化的反应

人类的知觉习惯在某方面是非常愚蠢的。我们忽略了实际受到的百分之九十九的感官刺激，并且将剩余的感官刺激加强固化为个别的心所[1]。然后，我们再对那些心所做出习惯性的反应。

例如在寂静无声的夜里，你独自坐着，远方有一只狗在狂吠，这件事本身并无好坏可言。寂静的海面传来浪涛声，你开始倾听这悦耳的组曲，它们已经转变成神经系统内生气勃勃的电子传导所引发的神经刺激。这个过程应该被当作无常、苦与无我的经验。我们人类却完全忽略这个事实，而将那个知觉定型为一种心所，我们为它贴上标签，并陷入一连串情结与概念的反应。“又是那只狗，它总是在晚上叫，真讨厌。每天晚上它都让人不得安宁，应该有人想想办法才是。也许我应该报警，不，应该找捕狗队，嗯，找动物收容所才对。不，也许我应该写一封信去咒骂狗的主人。不，太麻烦了，我还是去拿耳塞好了。”这些都只是知觉上的心灵习惯。你从小就学习做这样的反应，你只是在复制身旁亲友的知觉习惯。这些知觉上的反应并非生来就根植于神经系统的构造之中。回路就在那里，不过这并非心灵机制可以使用的唯一方式。以前学过的可以不去想它，第一步是先了解你正在做的事，退到后面静静地看。

---

① 心所，又称“心所有法”“心所法”等，五位法（色法、心法、心所有法、心不相应行法、无为法）之一。指相应于八识“心王”（心的主体或主枢作用）而生的各种心理活动、精神现象，为心所具有的功能。

快乐是苦恼的根源

就佛教而言，我们人类的生命观是正好颠倒的，我们把真正的苦因看成快乐。苦的原因是我们前面所说的“爱或憎”的病症，一种立即反应的知觉。它可能是任何东西，例如迷人的女郎、英俊的家伙、游艇、烤面包的香味或者是休闲拖车等。无论是什么，我们接下来会做的是凭感觉对刺激做出反应。

例如忧虑，我们非常忧虑，忧虑本身就是问题。忧虑是一个过程，它有步骤。忧虑并非只是一种存在的状态，还是一组程序。你必须做的是观看那个程序的开头、那些过程萌生的最初阶段。忧虑的第一个环节是“执着或排斥”的反应。只要现象在心中出现，我们便在心理上尝试去捕捉它或推开它，那就开启了忧虑的一连串反应。所幸，有一个名为“内观禅修”的工具，可以使这整个机制瘫痪。

内观禅修教导我们如何清晰地审视自己的觉知过程。我们学习以一种不偏不倚的态度去观看思维与感受的生起。我们学习平静而清楚地看自己对于刺激有何反应。我们看着自己的反应，而不会陷入其中，思维的迷惑本质会慢慢消失。我们仍然可以结婚，还可以走自己的路，不过，我们不需因此沉沦。

跳脱思维迷惑的本质，将产生一个全新的实相观点。它是一种完整的典范转移，一种觉知机制的彻底改变。它跳脱迷惑，带来解脱的喜悦。因为这些利益，佛教视这种观看的方式为生命的正见，佛教经典将之称为“如实观”。

你的心里有个“我”

内观禅修是一套训练的程序，它能逐渐打开“如实观”的新视野。新的事实，必定来自新的观点，其中的关键就是“我”。仔细观察，我们就会发现，一切的认知都离不开“我”。我们将流动的思维、感觉与感受定型为一种心灵架构，然后贴上“我”的标签。长此以往，我们认为它是静止的实体，可以独存于其他一切事物之外。我们将自己抽离于宇宙永远的变化过程，然后再感叹自己是多么孤单。我们忽略自己与其他事物根深蒂固的关联性，坚持“我”的存在，然后再为人类的贪心与迟钝感到惊讶，这个循环不断地发生。世上每一个恶行、每一个残酷的案例，都直接源自这个独立实存的“我”的邪见。

打破概念的假象

如果你打破那个概念的假象，你的整个世界就会改变。虽然如此，也别期望能在一夕之间办到。你花了一辈子在建构那个概念，这些年来，每一种思维、语言与行为都强化了你对它的信念。它不会立即消失，不过如果你付出足够的时间与注意力，它一定会改变。内观禅修是瓦解那个概念的一组过程。只要持续观察它，你就能逐渐铲除它。

“我”的概念是一种过程，它是日积月累形成的。借由内观，我们学习观看我们正在做什么，何时做，以及如何做。然后，那种心态会移动与消失，就像白云飘过蔚蓝的晴空。我们将会置身自己可以决定做或者不做的状态，视当时的情况是否适合而定。强制性不见了，现在我们可以有所选择。

禅修，可以使你更清醒地活着

这些都是重要的洞见，每一个都是对于人类存在这一根本议题的深刻体悟。它们不会快速出现，也不可能不劳而获。不过，回报是很大的，它们会导致生命的彻底转化，你存在的每一秒钟都将因此而改变。致力于此道的禅修者将达到至善的心态，那是一种对一切众生纯净的爱，以及苦的完全止息。那个目标绝不算小，不过，你也不要急于收获成果，因为利益将立即展开，并且日积月累递增。它的功能是渐进的，打坐的次数愈多，你对存在的真正本质就了解得愈深刻。你在禅修上花愈多时间，当每一个冲动与动机、思维与感情在内心生起时，你静下来观察它们的能力就愈强。你在解脱上的进步，可以根据你坐在坐垫上的时间来衡量。当你觉得已经足够时，随时可以中止禅修的过程。除了你自己对洞见生命真实本质的渴望之外，其中并无任何强制性的规定，你是为了提升自己以及他人的存在而修禅的。

内观禅修立足于经验，而非理论。在禅修的过程中，你敏于察觉实际的生活经验，如实觉知事物的本质。你并非坐着发展关于生活的崇高思想，你只是清醒地活着。内观禅修，只是学习好好活着，再也没有比它更高远的目标。

第四章

态　度

禅修的过程是很微细的，结果完全取决于禅修者的内心状态。要想修行成功，态度非常重要。

在 20 世纪，西方科学家有个令人惊讶的发现，我们都是我们所看见的世界的一部分，我们观察的过程会改变我们正在观察的事物。例如，电子是一个很小的东西，假如没有透过仪器，我们根本看不见它，而那个用来观察物体的设备决定了观察者将会看见什么。如果你以一种特别的方式观察电子，它呈现出来的就是一个粒子，也就是一个以笔直的路线四处碰撞的坚硬小球。当你以另一种方式观察时，电子则呈现波的形式，出现折射与波动的现象，完全没有坚固的实体。与其说电子是一个物体，不如说它是一个事件，观察者借由观察的行为参与了这个事件，没有其他的方式可以避免这样的互动。

修行的态度

东方科学在很早以前就已经认识这个基本原则。心本身是一组事件，每一次内观时，你都参与那些事件。禅修是一种参与性的观察：你正在看什么，取决于你观看的过程。在这种情况下，正在看的那个人才是你，而你看到什么则视你如何观看而定。因此，禅修的过程是很微细的，结果完全取决于禅修者的内心状态。要想修行成功，态度非常重要。以下这些态度多数并不陌生，我们把它们搜集在一起，作为有系统的运用准则。

（一）不要有所期待。只管好好坐着，看看发生什么事。把整件事看成是一项实验。把对行动的兴趣放在实验本身，不要因为期待结果而分心。无论如何都不要对结果感到焦虑，让禅修依循自己的速度与方向前进，直接让它来教导你。禅修的察觉是为了看见事物的实相，无论它是否符合我们的期待，都不应该先预设立场。在坐禅期间，我们应该将印象、意见与诠释都封存起来，否则很容易被它们绊住。

（二）不要绷得太紧。不要过度勉强或让自己绷得太紧。禅修不是侵略，不应该也不需要尝试激烈的修行。让你的努力保持轻松与稳定。

（三）不要匆忙。不要急，慢慢来。把你自己安置在坐垫上，好整以暇地，好像你有一整天的时间一样，坐着就好。任何真正有价值的东西都需要时间去酝酿与发展。忍耐、忍耐，再忍耐。

（四）不要执着于任何东西，也不要排斥任何现象。该来的就让它来，无论发生什么事，都要随遇而安。如果出现好的现象，那很好；如果出现坏的现象，那也很好。以平常心看待它，无论发生什么事，都让自己保持自在。不要对抗你所经验的事，只要充满正念地看着它。

（五）放下。学习随着出现的变化而流动，保持自然与轻松。

（六）出现任何事都要接受。接受你的感觉，即使那是你最不希望拥有的；接受你的经验，即使那是你所憎恨的。不要为了人类的缺点与过失而自责，学习将心里的一切现象看成自然与可理解的。试着尊重你所经验的一切，随时敞开心胸接受它们。

（七）善待自己。对自己亲切一点儿，你也许并不完美，却是你自己不可或缺的工作伙伴。达到你所期望的目标之前，首先你得完全接受你现在的样子。

（八）质问你自己。质疑每一件事，没有什么事是理所当然的。不要因为它听起来头头是道，或是圣人所说，就相信它。要亲自去看，但并不表示你应该愤世嫉俗、放肆或不敬，那只是说你应该以经验为本。一切主张都应该透过你自己的经验加以检验，然后让验证的结果成为你追求真理的向导。内观禅修的动机来自于对觉悟实相的渴望，以达到真实解脱的智慧。整个修行都是以此为依归，少了它，禅修就会变得肤浅。

（九）视一切问题为挑战。将出现的一切负面因素视为学习与成长的机会。不要逃避它们，也不要自责或黯然神伤。你有问题吗？太好了，又有了更多自我磨炼的机会。欢喜地承受，投入其中并加以探究。

（十）不要用想的。你不需想出答案，推论式的思考无助于你脱困。在禅修中，心自然地借由正念、无言的专注力而被净化。要解决那些困住你的事，并不需要习惯性的思虑，你需要的只是清晰而具体地觉知“那是什么”，以及“它如何运作”，如此就足以解决问题。概念与推理都只会造成阻碍，不要用想的，要去看。

（十一）不要停留在分别念中。人与人之间确实有差别，不过停留在比较上是危险的。不小心处理的话，它很可能会变成以自我为中心，导致内心充满贪念、嫉妒与骄傲。一个人在街上遇见另一个人，立刻想到："他比我好看。"结果马上出现嫉妒或羞愧的情绪。一个女孩看见另一个女孩可能会想："我比她漂亮。"结果马上骄傲自大。彼此比较是一种内心的习惯，它会造成贪心、骄傲、嫉妒或憎恨等恶念。这些都是有害的，可是我们却一直这么做。我们与他人比较外表、成就、财富、资产或智商，这一切都会导致相同的结果，那就是疏远，产生隔阂与敌意。

将注意力放在自己与他人的相似处

禅修者的工作就是借由彻底检视它并以正念取代它，来消除这种不善的习惯。相较于注意自己与别人的差异，禅修者训练自己注意两者的相似之处。他将注意力集中在众生普遍皆有的因素，亦即那些会拉近他与别人之间的距离的事物上。所以如果有比较的话，那也只会带来亲密而非疏远。

呼吸是一个普遍的过程。一切脊椎动物的呼吸法基本上都是相同的，所有生物与外在环境交换气体的方式都大同小异。这是选择呼吸作为禅修焦点的原因之一。禅修者借由练习入出息念，进而体会我们与其他生命的一体性。这并不表示我们应该对差异视若无睹，差异确实存在，它只意味着我们不要去强调差异，而要将重点放在大家共有的普遍因素上。

观察你的感觉和意识的变化

正确的程序应该是，当我们接触到任何一个感官对象时，不应该以自我为中心停留在它上面，而是应该观看那个对象如何影响我们的感官与认识。我们应该观察生起的感觉，以及随之而来的心理活动。此外，我们也应该注意意识的变化。在观察这些现象时，我们应该清楚地觉知被观察的那些事物的普遍性。刚开始接触事物时，我们心里会迸出喜欢、讨厌或普通的感觉的火花。那是一种普遍的现象，既发生在别人身上，也发生在我们自己身上，我们应该看清楚这点。在这些感觉之后，可能会出现各种不同的反应，我们可能会感受到贪欲、性欲或嫉妒，也可能感到恐惧、忧虑、不安或无聊。这些都是很普通的反应，我们应该单纯地注意它们，然后接受它们。我们应该了解这些都是正常的人性反应，可能会发生在任何一个人身上。

这种练习刚开始时可能会让人觉得勉强或做作，但是和我们平常所做的相比，并不会不自然，我们只是不熟悉而已。借由练习，这种习惯取代了我们平常以自我为中心的比较，而且一旦熟悉之后，我们会觉得更自然。最后，我们会充满包容与体谅之心，不再因为外在事物而沮丧或自满，逐渐能与一切众生和谐共处。

第五章

练　习

借由觉知苦谛，克服那造成痛苦的贪欲；借由无我的智慧，克服从自我概念中衍生出来的无知。

虽然禅修有许多主题，但我们强烈建议你从专注于呼吸开始，以达到某种程度的基本定力。请记得，你这样做并非修习什么高深或纯粹的禅定技巧，你是在练习正念，因此只需要某种程度的基本定力即可。你希望逐步开发正念，以获得觉悟实相的洞见与智慧；你希望了解这个身心复合体实际的运作方式；你希望去除一切烦恼，好让你的生命达到真实的安稳与快乐。

不能如实观，就无法净化内心。“如实观”是如此沉重与模糊的字眼，许多初学禅修者都不了解我们的意思，很容易把它误解成视力，以为只要有好的视力，就能把目标看得很清楚。

当我们使用这个与禅修洞见相关的字眼时，无论如何我们的意思都不是指表面上用肉眼看事情，而是指用智慧认清事物的实相。用智慧去看，也就是在身心复合体的架构内，排除源自贪、嗔、痴的偏私与成见去看待事情。一般来说，当我们观看自身这个身心复合体的运作时，会倾向于忽略我们不喜欢的事，而执着于我们所喜欢的。这是因为我们的心通常都受到贪、嗔、痴的影响。我们的本我、自我或成见就像有色的镜片一样，挡在眼前，妨碍我们的判断。

专注地观察你自己

当我们留心体会我们身体的感受时，不应该将它们与心行[①]混淆，因为身体的感受可以完全独立于心外生起。例如，我们本来坐得很舒服，但是过了一会儿，背部与双腿开始出现不舒服的感觉。我们的心立即体会到不舒服，并且围绕着这种感觉形成很多想法。这时，在不混淆感觉与心行的前提下，我们应该将感觉独立出来，并且注意观看。感受是七种普遍的心理因素之一，其他六种是接触、认知、注意、专注、生命力与意志[②]。

其他时候，某些情感，例如憎恨、恐惧可能会生起。在这些时候，我们应该单纯而如实地观看这些情感，而不是把它们与其他事物混淆在一起。如果我们把色、受、想、行、识等“五蕴”[③]捆绑在一起，把它们都笼统地视为一种感觉，我们就会混淆，因为感觉的来源已经被遮蔽了。如果我们只是停留在那种感觉上面，而没有把它与其他心理因素分开，我们要想觉悟实相，就会变得很困难。

我们希望能洞见无常，以克服自身的痛苦与无知：借由觉知苦谛[④]，克服那造成痛苦的贪欲；借由无我的智慧，克服从自我概念中衍生出来的无知。要达到这些洞见，我

---

① 心行，指内心的作用、活动、状态与变化。

② 《瑜伽师地论》与《成唯识论》中有所谓“五遍行”，即触、作意、受、想、思等五种心所。意即在任何认识作用发生时所生起的心理活动，因为它具有普遍性，所以称为“遍行”。作者这里所说的与五遍行有一点点不同，不过两种说法中都有触与受。

③ 五蕴，又称为“五阴”“五众”“五聚”。蕴，音译作塞健陀，是“积聚”“类别”的意思。类聚一切有为法之五种类别，就叫作“五蕴”，包括色蕴、受蕴、想蕴、行蕴以及识蕴。

④ 苦谛，是四谛（苦、集、灭、道）等四种正确无误的道理之一，又称为苦圣谛。意指圣者如实审查三界（欲界、色界、无色界）烦恼的苦果，如“三苦”“八苦”等。

们必须先将身与心分开来看。除此之外，我们还应该了解它们基本的关联性。我们的洞见愈敏锐，就愈能明白五蕴、名色[①]都是相互依存的，它们无法独立存在。因此，我们愈能真正了解那个著名的寓言，亦即一位盲人有健康的身体，而另一位残障者则有一双好眼睛。他们两个人一旦分开，都是受限的；但是当残障者爬上盲人的肩膀时，他们两个人就可以一起旅行，并且轻松达到目标。身与心也一样，单靠身体无法为自己做任何事，它就像一块木头，本身无法移动或做什么，只能逐渐迈向死亡；心若没有身体的帮助，也没有办法做好任何事情。但是当两者在正念之下合作时，就可以成就许多美好的事。

找一个地方静坐，我们可能会获得某种程度的正念。参加闭关活动，花几天或几个月时间观察我们的感受、知觉、数不清的想法与各种意识状态，最后也可能让我们达到平静与安详。但是我们通常没有那么多时间可以在一个地方专心修禅，因此，应该找一个方法，把正念运用在日常生活里，以应付每天无法预期的突发事件。

我们没有真的爱自己

每天会发生什么事是无法预知的，因为我们生活在一

① 名色，为名与色的并称，又叫作“名色支”。一般用于一切精神和物质的总称。从语意上来说，名是指心的方面，色指物的方面。

个多元与无常的世界里，因此事情的发生往往有多重因缘。正念是我们的急救箱，随时可以派上用场。当我们遇到一个令人愤怒的情况时，如果能留心观察自己的心，则必然会发现令自己感到苦涩的实相，例如，我们很自私，总是以自我为中心，固执己见，认为只有自己是对的，充满成见也满怀偏见。此外，我们也看到了形成这一切的根本原因——我们没有真的爱自己。这个发现虽然苦涩，却是最有价值的经验。最后它将能帮助我们从根深蒂固的心理与精神痛苦中解脱出来。

正念的练习是对自己百分之百诚实的练习。当我们观察自己的身心时，必须注意一些我们不喜欢去了解的事。因为不喜欢，所以我们会试图排斥它们。哪些事是我们不喜欢的呢？我们不喜欢与所爱人分离，与所恶人聚首。除了人、地、事之外，我们还将意见、观念、信仰与决定等都纳入好恶的范围。我们不喜欢自然发生在我们身上的事，举例来说，我们不喜欢变老、生病、衰弱或说出自己的年龄，因为我们想青春永驻；我们不喜欢接受别人的指责，因为我们相当自负；我们不喜欢比我们聪明的人，因为我们眼中只有自己。这些都只是我们贪、嗔、痴经验中的几个例子而已。

谢谢你指责我

当贪、嗔、痴在我们的日常生活中出现时，要用正念去追踪与理解它们的根。这些心理状态的根就在我们自己里面。举例来说，如果我们没有嗔恨的根，没有人能让我们愤怒，因为是嗔怒的根对某人的行动、语言做出反应。如果我们正念分明，就会努力用智慧去观心。如果我们内心没有嗔恨，当别人指出我们的缺点时，我们就不会在意。相反，我们还会感谢别人注意到我们的缺点。我们应该非常明智与慎重地感谢指责我们的人，因为他们帮助我们步上改进之道。我们每个人都有盲点，别人就是我们的镜子，我们可以透过智慧从上面看到自己的缺点。我们应该把为我们指出缺点的人看成为我们挖掘宝藏的人，那些宝藏是我们自己也不晓得的。只有了解自己的缺点，才有办法完善自己。完善自己是促成生命圆满的不变之道。在我们试图超越自己的缺点之前，应该先知道它们是什么。只有在克服这些缺点之后，才有可能成功开发潜在的高贵品德。

如果我们生病，就应该找出生病的原因，唯有如此，我们才能获得治疗。如果我们坚称自己没有生病，即使明明在受苦，也无法获得治疗。同样地，如果我们认为自己没有这些缺点，就永远不可能净化我们的精神之路。如果我们看不见自己的缺点，就需要别人为我们一一指出来。当他们为我们指出缺点时，我们应该像舍利弗尊者一样感谢他们。舍利弗尊者是一个百分之百具足正念的人。他说：“即使是一个 7 岁沙弥指出我的过失，我也会欣然接受，并向他献上最高的敬意。”由于他不骄傲，所以他能保持这样的态度。虽然我们不是阿罗汉[①]，但应该仿效他的范例，因为我们生命的目标和他的目标是一样的。

当然，指出我们的缺点的人本身并非毫无缺点。我们能看出他的缺点，就像他能看出我们的缺点一样。他同样不会注意到自己的缺点，直到我们为他指出来为止。指出他人缺点的人，与响应他人指责的人都应该具有正念。如果有人以粗鲁的言语轻率地指责别人，那么他对自己、对别人都会造成伤害，无法给人带来任何好处。怀着嗔恨心说话，不可能有正念，也无法清楚地表达自己。此外，当一个人听到粗鲁的言语时，他会觉得受到伤害，可能因此而失去正念，听不进别人真正的话。我们应该以正念说话，以正念聆听，这样才能得到说话与聆听的利益。当我们以正念说话与聆听时，我们的心就解脱了贪欲、自私、嗔恨与妄想的束缚。

禅修要有目标

身为禅修者，我们都应该有一个目标，如果盲目追随别人的指导，那无异于盲人摸象。在意识清楚与主动的情况下，无论我们做什么，都应该有一个目标。内观禅修者的目标不是比别人早一点儿开悟，或更有力量，或比别人

---

① 阿罗汉，又叫作“阿卢汉”“阿罗诃”，指在三界中，断尽眼里所见、脑中所想的种种迷惑，因证道而得了智慧，堪受世间大供养的圣者。

得到更多的利益。禅修者不会为了正念和别人竞争。

我们的目标是把潜在的善德完全开发出来。这个目标有五个要素：净化内心、摆脱忧愁、解脱痛苦、实践究竟寂灭的正道，以及由遵守正道而达到快乐。将这五个要素谨记在心，我们就能怀抱希望与信心前进。

一旦坐下，就不要任意改变姿势

一旦你坐下之后，就不要任意改变姿势，直到预定的时间结束为止。假设你因为不舒服而改变原先的姿势，不一会儿，你就会觉得那个新的姿势也不舒服，那么你就想再改变，但是不久之后，还是会不舒服。在整段坐禅的时间里，你可能不断地在坐垫上移动和改变姿势，你会因此而无法获得深刻的禅定。所以，你应该设法尽量不要改变姿势。我们将会在第十章中讨论如何处理疼痛的问题。

为了避免姿势不断改变，禅修开始时，你就应该决定坐多久。如果你以前从来没有禅修过，尽量不要坐太久，最好不要超过二十分钟。你可以在下次练习时逐渐增加坐禅的时间。坐禅时间的长短取决于你有多少时间，以及你对疼痛的忍受程度如何。

当我们准备好时，就会到达那里

我们不应该有达到目标的时间表，因为我们的成就取决于我们的觉知以及心理的成熟度。我们应该努力与谨慎地朝向目标修行，而不要预设任何时间表。当我们准备好时，就会到达那里。我们需要的只是为达到目标做好准备。

坐定之后，闭上你的眼睛。我们的心就好像一杯混浊的水，装着浊水的杯子静置的时间愈久，泥沙就愈能沉淀下去，水也将更加澄澈。同样，如果你保持身体静止不动，将全部注意力集中在禅修的目标上，你的心就会安定下来，并且开始体会禅修的喜悦。

达到这个目标之前，我们应该先做好准备，把心保持在当下的时刻。当下瞬间即逝，漫不经心的观察者根本注意不到它的存在。每一个时刻都是一个事件，没有一个时刻是空白的。当我们专注于当下时，就会注意到那个时刻的事件。因此，我们应该时时刻刻专注于当下。我们的心通过一连串的事件就像一系列图片通过投影机，其中有些图片来自过去的经验，其他则是对未来计划的想象。

没有对象，心就不可能集中。因此，我们应该给心一个对象，并且必须是在每一个时刻都能适用的。有一个这样的对象，就是我们的呼吸。心不需要费很大的力气去寻找呼吸，每一个时刻，呼吸都在进行。我们内观禅修的练习都是在清醒的时刻进行，要将心集中在呼吸上并不难，因为呼吸比任何其他目标都更明显而且经常出现。

如前面所说，坐定，并且把慈心分送给所有人之后，深呼吸三次。深呼吸三次之后，恢复正常的呼吸，让你的呼吸自由地进出，再轻松地将你的注意力集中在鼻孔的边缘。单纯注意呼吸进出的感觉：在吸完气即将把气呼出之前，有一次短暂的停顿，注意它，并且注意呼气的开始。在呼完气即将吸气之前，又有另一次短暂的停顿，同样也注意这个短暂的停顿。这表示有两次短暂的停顿，分别在吸气结束与呼气结束时。由于这两次停顿发生的时间如此短，以至于你几乎察觉不到它们的存在。但是当你有正念时，你就能注意到它们。

不要以言语表述或赋予它任何概念，只要注意呼吸的进出就好，不要说“我吸进”或“我呼出”。当你在呼吸上集中注意力时，忽略任何思维、记忆、声音、香气与味道，只专注于呼吸，排除其他任何事物。

开始时，吸气与呼气都很短，因为身与心都尚未放松。当它们发生时，注意那个短暂吸进与短暂呼出的感觉，不要说“短吸”或“短呼”。当你持续注意短吸与短呼的感觉时，你的身心会变得相对平静。接着，你的呼吸会变长，只要注意长呼吸的感觉，不要说“长呼吸”。从头到尾都要注意整个呼吸的过程。接着，呼吸会变细，身与心也会变得比先前更安定。注意呼吸平静与祥和的感觉。

当心跑开时怎么办？

虽然你努力把心专注在你的呼吸上，心还是会跑开。心可能会跑向过去的经验，突然间，你发现自己回忆起以前去过的地方、遇见过的人、久未谋面的朋友、很久以前读过的一本书，或者昨天吃过的食物的味道等。当你注意到你的心没有专注在呼吸上时，马上以正念将它拉回，并把它安顿在那里。无论如何，你可能再次分心，想起该如何付你的账单、洗你的衣服、买你的杂货、参加一个派对、计划你的下一次休假等。当你注意到你的心没有专注在你的对象上时，马上以正念把它拉回来。以下是一些关于修习正念的技巧，它能帮助你增强定力。

（一）数息。像这样的情况，数息可能会有帮助。它的目的只是把心集中在呼吸上，一旦你的心集中在呼吸上了，就可以放弃数息，这是增强定力的措施。数息的方式有很多种，任何一种数息都应该在心里进行，不要发出任何声音。以下是一些数息的方式。

（1）吸气时，数“一、一、一、一……”直到肺里充满新鲜空气；呼气时，数“二、二、二、二……”直到将肺里的新鲜空气吐尽为止。接着，再吸气时，数“三、三、三、三……”直到肺里充满新鲜空气；再呼气时，数“四、四、四、四……”直到将肺里的新鲜空气吐尽为止。如此数到“十”，然后一直重复这个过程，直到心能集中在呼吸上为止。

（2）第二种数息的方法是快速数到“十”，在数“一、二、三、四、五、六、七、八、九、十”时，吸气；接着再数“一、二、三、四、五、六、七、八、九、十”时，呼气。换言之，一次吸气你要数到“十”，一次呼气也要数到“十”。如此重复，直到心能集中在呼吸上为止。

（3）第三种数息的方法是用累进的方式数到“十”。这一次，吸气时数“一、二、三、四、五”（只到“五”）；接着，呼气时数“一、二、三、四、五、六”（只到“六”）。然后，再吸气时数“一、二、三、四、五、六、七”（只到“七”），再呼气时数“一、二、三、四、五、六、七、八”（只到“八”）。接着吸气时数到“九”，呼气时数到“十”。如此重复，直到心能集中在呼吸上为止。

（4）第四种数息的方法是进行一次长呼吸。当肺里充满空气时，在心里数“一”，之后呼气，直到将肺里的新鲜空气吐尽，在心里数“二”。接着，当肺里充满空气时，再默数“三”，之后吐气，直到将肺里的新鲜空气吐尽，再默数“四”。像这样一直数到“十”，然后从“十”数到“一”。再从“一”数到“十”，之后再从“十”数到“一”。

（5）第五种数息的方法是呼与吸合起来。当将肺里的新鲜空气吐尽时，在心里数“一”，这一次你应该将吸与呼当成一次。接着，吸气、吐气时，默数“二”。运用这种数息的方法时应该只数到“五”，然后从“五”数到“一”。重复这个方法，直到你的呼吸变得安定为止。

请记得，你不一定要一直数息。当你的心安止在吸气与呼气都会接触的鼻尖上，并且开始觉得自己的呼吸如此安定，以至于几乎无法分辨吸气与呼气时，就应该放弃数息。数息只用在训练将心专注于一个对象上。

（二）连接。吸气之后，你不用等着注意吐气前的短暂停顿，而是将吸气与呼气连接起来，因此你注意到，吸气与呼气已经合为一次连续的“呼吸”。

（三）固定。将吸气与呼气连接起来之后，将你的心固定在吸气与呼气都会触碰到的点上。吸气与呼气就像一次呼吸进出的触碰，或对鼻孔边缘的摩擦。

（四）像木匠一样集中你的心。木匠通常会在他想切割的木板上画一条直线，然后用锯子沿着所画的线锯开木板。他并没有看着锯齿在木板上进出，而是完全将注意力集中在他所画的直线上，这样一来才能笔直地锯开木板。同样，将你的心专注在你感觉呼吸进出鼻孔的边缘上。

（五）让你的心像个看门人。一个看门人不会考虑其他人进出房子的细节，他注意的是人们通过房门进与出。同样，当你专注时，不应该考虑你所经验到的任何细节，只要注意呼吸进出鼻孔边缘的感觉。

当你继续练习时，你的身体与心都会变得很轻盈，感觉自己就好像飘浮在空气中或漂浮在水面上一样，你甚至会觉得身体上升到太空中。当呼吸的粗重感消失时，微细的出入息就会生起。这个微细的呼吸就是你的心专注的对象。这是禅定的征象。开始时显露的征象会被愈来愈微细的征象所取代。这种微细的征象可以用钟声来做比拟，当一座钟被一根大铁棒撞击时，起初会发出深厚的声音，当钟声逐渐消失时，声音也变得愈来愈细。同样，出入息开始时呈现粗重的征象，当你继续以正念注意它时，这个征象变得愈来愈细。但是意识完全专注在鼻孔的边缘，其他禅修的对象变得愈来愈清晰，征象持续发展。呼吸变得愈来愈细，征象仍然继续发展。因为这么微细，你可能察觉不到呼吸的发生。不要失望地以为你失去了呼吸，或者在你的禅修中什么状况也没发生。别担心，专注与坚定地将呼吸的感觉拉回鼻孔的边缘。这是你应该更积极地修行的时候，让精进、信心、正念、禅定与智慧平衡地发展。

让心与当下结合

假设有一个农夫以水牛耕田，工作到正午时，他累了，于是他解开牛，在树荫下休息。当他醒来时，他找不到牲口。然而，他一点儿也不担心。他走向动物在炎热的正午聚在一起喝水的地方，在那里找到了他的牛。他毫无困难地把它带回来，套上牛轭，继续耕田。

同样，当你持续这个练习时，呼吸会变得很微细，你可能完全察觉不到呼吸的感觉。当这种情况发生时，别担心，它不会消失，它还是在鼻尖这个老地方。快速呼吸几次，你就会再次注意到呼吸的感觉，持续以正念注意呼吸触碰鼻孔边缘的感觉。

当你继续将心集中在鼻孔的边缘时，就能注意到禅修进一步的征象，你会有一种愉悦的感受。不同的禅修者经验也不同，它可能像星辰，或者像圆宝石、珍珠、棉花种子、木栓、线条、花环、烟雾、蜘蛛网、云朵、莲花、月轮或日轮。

在你先前的练习中，是以入息和出息作为禅修的对象，现在则以征象作为禅修的第三个对象。当你把心集中在第三个对象上时，你的心已经达到一种足以进行内观的专注程度。这个征象很明显地呈现在鼻孔边缘，你要精通它，以便在需要时随时能够派上用场。将心与当下可用的征象结合，并且让心随着每一个相续的瞬间流动。当你以正念注意它时，将看见征象本身每一个瞬间都在改变。让心随顺每一个改变的瞬间，同时注意，你的心只能在当下入定。心与当下的结合，被称为“刹那定”①。刹那相续生灭不已，心的步伐也与它们保持一致，跟着它们改变，跟着它们一起生灭，而不执着于它们。如果我们试图把心停在某个时刻，只会招来挫折，因为心无法被握住，它应该跟上每一个新的时刻发生的事。当下可以在每一个瞬间出现，每一个觉知的瞬间都可以成为一个禅定的瞬间。

将心专注在每一个改变的瞬间

为了将心与当下结合，我们应该找到在那个时刻所发生的事。不管怎么说，你若能将心专注在每一个改变的瞬间，就不可能没有某种程度的随顺刹那生灭的定力。一旦你得到这种程度的定力，就能把它运用在你所注意并经验的每一件事上，包括腹部的起伏、胸部的起伏、任何感觉

① “刹那”的巴利语是 khaṇa，又作“叉拏”，意为须臾、念顷，也就是一个心念起动之间，即瞬间。这是表示时间的最小单位。“刹那定”的巴利语是 khaṇika-samādhi。《清净道论》第四谈到“安止定的规定”时说：“此安止定仅一刹那心而已。”

的起伏，或者你的呼吸或念头的起伏等。

内观禅修进步的关键就在于“刹那定”。关于内观禅修，你需要的只是这个，因为你经验到的每一件事都只活在一瞬间。当你集中定心于身与心的变化上时会注意到：呼吸属于身体的部分，而呼吸的感觉、感觉的意识以及征象的意识则属于心的部分。当你注意它们时，它们就一直在改变，身上也可能会出现不同于呼吸的感觉的各种感受。全面观察你的全身，不要试图创造任何不是自然呈现在你身上的感觉，但是要注意身体各部位生起的感觉。当思想生起时，也要注意它。在这些发生的事中，无论是身体的或心理的，你所需注意的只是一切经验中无常、苦与无我的本质。

随着正念的增长，你对变化的怨恨、对恼人经验的厌恶、对喜好经验的贪爱以及自我的概念等，都会被无常、苦与无我的深层觉醒所取代。你经验中的这个实相智慧，有助于你培养一种更安定、平静的生活态度。你将看见过去你认为永恒的事物正在以不可思议的速度快速变化，快得连你的心也无法跟上这些改变。不过，你还是能注意到许多变化，你将了解无常与无我的微妙之处。这种洞见将为你指出寂灭与快乐之道，也将带给你处理日常生活问题的智慧。

当心一直与呼吸流动结合时，我们自然就能把心集中在当下。我们可以注意到呼吸触碰鼻孔边缘所生起的感觉。呼吸时，空气中的地大元素①触碰到鼻孔的地大元素，心才感觉到空气进出的气流。鼻孔或身体其他部位，在呼吸过程里与火大元素的接触中，生起了温暖的感觉。呼吸的无常感，则在呼吸气流的地大元素触碰到鼻孔时生起。虽然水大元素亦呈现于呼吸中，心却无法感觉到它。

呼→吸→呼→吸

此外，在将新鲜空气吸进与呼出肺部时，我们感觉到肺部、腹部的扩张与收缩。腹部与胸部的扩张与收缩，是宇宙律动的一部分。宇宙中的一切事物都有相同的扩张与收缩的律动，就与我们的呼吸和身体一样。不过，我们关心的重点是呼吸的起伏以及身心的各种细节。

吸气的过程，使我们稍微体会到一点儿安定。但是如果在几秒内不把气吐出去，这一点儿安定就会转变成紧张。在我们把气呼出后，紧张就得到了纾解。吐完气后，如果我们等太久没有再吸进新鲜空气，又会感到紧张。这意味着每一次我们的肺里充满空气时，我们就必须把空气吐出去，而每一次肺空虚时，就必须再把空气吸进来。当我们

---

① 地大元素，造一切色法（总称物质的存在）的四种要素之一。佛教的元素说指出物质（色法）由地、水、火、风四种要素所构成，四种要素包括：（1）地大，本质为坚性，有保持作用的；（2）水大，本质为湿性，有摄集作用的；（3）火大，本质为暖性，有成熟作用的；（4）风大，本质为动性，有生长作用的。积聚四大就可以生成物质，所以四大又称为能造之色、能造之大种。

吸进空气时，会体会到一点儿安定，吐气时，也会稍微体会到一点儿安定。我们渴望安定与纾解压力，不喜欢紧张与透不过气的感觉。我们希望安定停留久一点儿，压力则快一点儿消失。但是往往事与愿违，于是我们再度感到恼怒与不安，因为我们渴望获得安定，并且停留久一点儿，希望紧张赶快消失，并且永远不要回来。在这里我们看见了，在无常的情况下，即使只是渴望一点儿恒常，都会造成痛苦与不安。由于根本没有一个自我实体可以控制这个情况，我们将因此而更加失望。

深入体会呼吸中的无常

不过，如果我们以既不渴望安定也不讨厌紧张的态度观察自己的呼吸，并且深入体会呼吸中的无常、苦与无我，我们的心就会变得平静与安定。

心不会一直都与呼吸的感觉在一起，它有时也会跑到声音、记忆、感情、认知、意识与心行上去。当我们经验到这些状态时，就应该暂时忘记呼吸的感觉，立即将注意力集中到这些状态上，而且是一次一个，不是一次面对全部。当它们消退时，再让心回到呼吸上，那是心的基地。无论它旅行到哪里，或者旅行了多久，呼吸才是心可以安住的家。切记，一切心灵旅程都是在心的内部进行。

每一次心回到呼吸上，都是带着更深入无常、苦与无我的洞见回来。我们的心变得更具洞察力，更能无私与客观地看待这些事情。心慢慢地了解到，无论身体、感受、思维、心行或意识，都只是更透彻地洞见这个身心复合体实相的途径。

第六章

如何调身？

你希望让身体完全静下来，借此带来心的平静；但是身体同时也要保持警醒，以引发心的清明，那是你所追求的目标。

禅修已经有好几千年的历史，那是一段很长的实验时间，它的程序已经非常完善。佛教的修行一直都主张心与身是紧密相连的，相互影响。因此，有一些关于修身的建议，非常有助于你掌握这个技巧。这些原则应该被遵循，不过切记，无论如何，这些姿势都只是辅助修行，不要将两者混淆。禅修不是以莲花坐姿打坐，而是一种心的技巧，可以被运用在任何你想到的地方。不过，这些姿势将有助于你学习这个技巧，并且使你进步与发展的速度变快，因此，请善用它们。

不要僵硬，放轻松

调整姿势不外乎有三个目的：（一）它们提供身体稳定感，让你不必担心平衡与肌肉疲劳的问题，如此一来，你才能专注于正式的禅修对象上。（二）它们帮助身体固定，之后才能对应到心的安定，这创造出一种沉潜与平静的定力。（三）它们带给你久坐的能力，不会屈服于禅修者的三个主要敌人——疼痛、肌肉紧张与昏睡。

最重要的原则是，坐的时候背要挺直。脊椎要像一摞铜板一样，一个顶一个，让脊柱直立起来，头则要与脊柱保持一直线。这些都必须在放松的情况下进行，不要僵硬，你不是木头士兵，那里也没有操练士官。背部要挺直，但不应该造成肌肉紧张，而是应该轻松地坐着。脊椎应该像一棵坚挺的小树一样，身体的其余部位则松软地垂挂在它上面。这需要你针对自己做一点实验。我们通常都是僵硬地坐着，走路或说话时紧张兮兮的，而全身放松时又像一摊烂泥。这些都有碍禅修，不过它们都是慢慢养成的习惯，你可以反过来重新学习。

你的目标，是达到一种可以让你静止不动、“坐”完全程的姿势。开始时，你可能会觉得笔直坐着有点奇怪，但是你会慢慢习惯它。这需要练习，一种笔直的姿势非常重要，在生理学上来说，这被认为是觉醒的姿势，它能带来心灵的警觉。如果你萎靡不振，那么你是在邀请瞌睡虫前来。你所坐的东西也很重要，视你所选择的姿势，你需要一把椅子或一个坐垫，坐垫的软硬度也应该谨慎选择。太软，容易使你昏昏欲睡；太硬，则容易引起疼痛。

穿着宽松的衣服

禅修时所穿的衣服应该是宽松而柔软的。如果它们导致血液流通不畅，或于神经上施加压力，将会造成疼痛与麻痹，后者常被戏称为“腿睡着了”。如果你系着皮带，把它松开一点。不要穿太紧或不透气的裤子，长裙对女性来说是个很好的选择；而透气又有弹性的宽松裤子，对任何人来说都是最好的。柔软飘逸的长袍也是不错的选择，它们是亚洲的传统服装，有各种不同的风格，例如纱笼与和服等。脱掉你的鞋子，如果你的袜子很紧，会造成束缚，就把它们也一起脱掉。

选择让自己最舒适的姿势

当你以亚洲传统的方式坐在地板上时，你需要一个坐垫以挺起你的腰杆。选择稍微硬一点的，当你坐下去时，至少还要有八厘米厚。坐在坐垫的前缘，让你的脚交叉放在前面的地板上。如果地板上铺有地毯，那或许足以保护你的小腿与脚踝不会承受太多压力；如果没有地毯，你可能需要为脚准备一些垫材，折叠起来的毛毯会是不错的选择。不要坐得太靠后面，否则坐垫的前缘就会压迫大腿底部，造成神经紧绷，过一会儿，就会觉得腿痛起来了。

盘腿的方式有很多种，下面将按照难易程度依序列出四种：

（一）美国土著式：右脚蜷收在左膝下，左脚蜷收在右膝下。

（二）缅甸式：两腿从膝到脚平放在地板上，在前面相互平行。

（三）半莲花式（单盘）：你的两个膝盖都碰到地板，其中一只脚压在另一条腿的小腿底下。

（四）全莲花式（双盘）：你的两个膝盖都碰到地板，两条小腿相互交叉，左脚放在右大腿上，右脚则放在左大腿上。两个脚底都朝上。

在这些姿势中，手掌朝上，相互重叠放在膝盖上。手就摆在肚脐下方，手腕弯曲，顶在大腿上。手臂刚好稳稳地包住上半身，颈部与肩膀的肌肉不要紧绷，放松手臂。

你的横膈膜也要放松，让它完全张开，不要让压力积在胃部。眼睛可以张开或者闭起来，如果张开，把视线固定在鼻尖，或正前方不远处。你不是在看任何东西，你只是把目光停留在没有什么特别值得看的地方，这样你才能忘掉视觉。不要勉强，不要僵硬，要放松。让身体保持自然与柔软，像布偶一样垂挂在笔直的脊柱上。

半莲花式与全莲花式是亚洲传统的坐禅姿势，全莲花被认为是最好的坐姿，显然也是最稳固的。一旦你选择这个姿势，将可以维持很长一段时间完全不动。由于这个姿势需要相当大的腿部柔软度，因此不是每个人都可以做得到。此外，选择姿势的主要标准不是别人怎么说它，而是你自己的舒适感。选择一个能够让你坐得最久而不会疼痛也不会移动的姿势，各种不同的姿势都试坐看看。在练习中，肌腱会逐渐放松，你也可以逐渐做得到全莲花式。

你的身体，就是你的心境

你可能因为疼痛或其他原因而不适合坐在地板上。没问题，你也可以选择坐在椅子上以代替盘腿。找一把椅面平坦、椅背端正并且没有扶手的椅子。坐的时候，最好不要斜靠在椅背上，大腿不要压着椅面，应保持悬空。两腿并排，双脚平放在地板上。和传统的姿势一样，把双手放在膝上，掌心朝上相互重叠。颈部与肩膀的肌肉不要紧绷，手臂也要放松。你的眼睛可以张开或者闭起来。

在上述所有的姿势中，谨记你的目标。你希望达到身体完全静止不动，但是不能睡着。想想一杯浊水的比喻，你希望让身体完全静下来，借此带来心的平静；但是身体同时也要保持警醒，以引发心的清明，那是你所追求的目标。因此，何不亲自去试试看？你的身体正是创造理想心境的工具，请明智而审慎地使用它。

第七章

如何调心?

呼吸对所有生命而言，都是一个普遍的现象。对这个过程的真实体验，会让你更贴近其他生命，它向你揭示出你与其他生命本质上的联系。

我们所教导的禅修名为“内观禅修”。就像我们先前所说，禅修的可能对象几乎是无限多种。在漫长的历史中，人类已经使用过许多种，即使在毗婆舍那（vipassanā，即内观）的传统中，也有许多差异。有许多禅师教导他们的学生观察腹部的起伏，也有人建议将注意力集中在身体和坐垫、手和手或腿和腿接触的感觉上。不过，我们这里所解释的方法是最传统的，也有可能是释迦牟尼佛当初教导他弟子的方法。《念处经》记载了佛陀对于正念的原始教导，里面就明确指出，一个人应该先将注意力集中在呼吸上，再进一步集中在其他的身心现象上。

为什么要集中注意力?

我们坐下来，观察空气在鼻孔的进出。乍看之下，这似乎是非常奇怪与无用的程序。在进一步探讨之前，先来检视一下它背后的原因。我们好奇的第一个问题可能是，为什么要集中注意力？毕竟我们是试着开发觉性，为什么不直接坐下来察觉心里所呈现的是哪些事？事实上，确实有那种类型的禅修。它们有时被认为是缺乏体系的禅修，实践起来非常困难。心是微妙的，思维在本质上是一种复杂的程序，我们很容易被思维的锁链困住、缠绕或钉死。一个思维带来另一个思维，然后便一个接着一个，相续发生。十五分钟之后，我们才突然惊觉，我们这一整段时间都在做白日梦、性幻想，或者陷入对金钱及其他事物的担忧中。

对于思维的觉知与思考是不同的，那种差异非常微细，主要是感觉或质地上的差异。单纯以正念作为觉知的思维，感觉上质地比较轻，在思维与观察它的觉知之间，感觉上有一段距离。它像泡沫一样轻盈地升起，当它消失时，则不是必然会开启下一个思维的锁链。平常的意识思维在质地上则重得多，它是沉闷、费力、支配与强制的，它会把你吞没，并掌控你的意识。它本质上是不由自主的，并且会毫不迟疑地直接启动下一个思维的锁链。

禅修需要固定的参考点

意识的思维会连带引发身体的紧张，例如肌肉收缩或心跳加速等。不过在实际产生疼痛之前，你不会感到紧张，因为平常意识思维本身就是贪得无厌的，它攫取你所有的注意力，让你完全忽视它自身的效应。察觉思维与思考思维之间的差异是很真实的，不过它非常微细，难以看见。要想看见这个差异，禅定是必须具备的工具。

深沉的禅定，具有缓和思维过程与加速觉知看见思维过程的作用，导致检视思维过程的能力增强。禅定是我们看见微细的内在状态的显微镜，我们利用注意力的焦点，达到具备安定与正知的统一心境。缺乏一个固定的参考点，你会迷失，会被内心无尽的流动与变化所迷惑。

我们以呼吸作为焦点，它是不可或缺的参考点，心的出走与回归皆根据它来判断。分心不能被看成分心，除非有一个中心焦点偏离了。根据这个参考架构，我们可以看见持续不断的变化与干扰，那是正常思维的一部分。

禅修就像是驯服一头野象

古代的巴利经文把禅修比喻为驯服一头野象。先用一条结实的绳子把新捕获的动物绑在柱子上。当你这么做时，大象会反抗，连续数日尖叫与踩踏，想要扯断绳子。之后，对于逃脱，它是完全死了心，便安静下来。此时，你可以开始喂它，并在安全的范围内控制它。最后，你可以完全抛开绳子与柱子，训练你的大象完成各种艰巨的任务。现在，你拥有一头被驯服的大象，可以驱使它做各种工作。在这个比喻中，野象就是你狂野不羁的心，绳子是正念，柱子则是你禅修的对象，也就是你的呼吸。这个过程所呈现的驯象，是训练良好与专注的心，可以完成艰巨的任务，摧毁掩盖实相的假象。禅修的作用就是降伏内心。

懂得呼吸，让你更贴近生命

接着我们要问的是：为什么选择呼吸作为禅修的主要对象？为什么不是其他更有趣的事物？答案有很多个。一个有用的禅修对象，应该能增强正念。它应该是轻便、简易与容易取得的。此外，它应该不会在解脱过程中引发贪、嗔、痴。呼吸达到了这些标准，而且还有更多好处。呼吸对每一个人来说都是最普遍的，它随时随地与我们同在。它一直都存在，经常使用，到死才会停止，而且不用花一毛钱。

呼吸是一种非概念性的过程，是不用思考就可以直接体验到的事。此外，它和心一样，是活泼与经常变化的。呼吸是一种有规律的循环的动作——吸气、呼气，把空气吸进来，再把空气吐出去。因此，它是生命本身的缩影。

呼吸的感受是微细的，不过当你练习数息时，它却是清晰可辨的。你需要花点工夫才能发现它，不过这是每个人都可以办得到的。你应该在它上面下功夫，但不要太用力。因为这些缘故，呼吸可以作为禅修的理想对象。一般来说呼吸是不自主的过程，它以自己的步调行进，不需意志主导。不过，意志的念力还是可以令它减缓或加速，可以让它变细长或者短促。要在呼吸的不自主与强制操作之间取得平衡，需要相当小心。在这里有些关于意志与欲望本质的功课需要学习。此外，鼻孔尖端的那一点，可以被看成内在世界与外在世界之间的一扇窗。它是一个枢纽，也是能量传输的据点。外在世界的物质由此进入内在世界，成为那个被称为“我”的一部分，而“我”的一部分也由此流出，融入外在世界。这里有些关于自我以及自我是如何形成的功课需要学习。

呼吸对所有生命而言，都是一个普遍的现象。对这个过程的真实体验，会让你更贴近其他生命，它向你揭示出你与其他生命本质上的联系。毕竟，呼吸是一个当下的过程，这意味着，它一直都发生在此时此地。当然，我们平常并不总是活在当下。我们将大部分时间都花在回忆过去或者前瞻未来上，充满了各种忧虑，做了一些计划。当我们真的在观察呼吸时，我们自然置身当下。我们从心理印象的泥淖中脱身，投入当下纯粹的经验中。在这个意义下，呼吸是一个活生生的实相切片。以正念清楚地观察这样一个生命本身的缩影，将能带来洞见，它可以被广泛运用在我们的其他经验上。

你会不会“呼吸”？

使用呼吸作为禅修对象的第一步，是先找到它。你寻找的是空气进出鼻孔具体而实在的触感，这通常只在鼻孔内部，但那个会因人而异，需要视鼻子的形状而定。为了找出你自己的点，先快速深呼吸，并注意空气通过时，你鼻子里面或上嘴唇最有感觉的点。现在，呼气并注意同一点的感觉。这整段呼吸过程，你都将透过这个点来完成。一旦能清楚而明确地找到你自己的呼吸点，就要利用这一点保持专注。如果不先找出这一点，你会发现自己老是在鼻子进进出出，在通气管上上下下，一直在追逐呼吸，但是却永远也赶不上它的脚步，因为它持续在变化、移位和流动。

欲速则不达

如果你像木匠一样，掌握锯木头的诀窍，你就不用站在那里看着锯刃上上下下，那样的话你会头昏眼花。你将注意力固定在锯齿接触木头的地方，这是你唯一可以锯出一条直线的方式。身为一位禅修者，你把注意力集中在鼻子内侧那个唯一的感受点上。从这个有利的点上，清楚而镇定地观察呼吸的整个动作，就一点也不会想要控制呼吸。它不是瑜伽的呼吸术。你专注在呼吸自然而又自发的动作上，别想去调整它，或者用任何方式去强调它。多数初学者在这方面会碰到一些麻烦，为了帮助他们专注在这种感觉上，他们不自觉地凸显他们的呼吸。实际上勉强与不自然的努力结果，变成禅修的障碍，而不会促进禅修。不要刻意增加你呼吸的长度或提高声音，后者对于团体禅修尤其重要。大声呼吸会给周围人造成很大困扰，只要让呼吸像睡着时一样，自然地动作。放下，并允许这个过程按照自己的节奏进行。

这听起来好像很简单，不过它比你所想象的更难处理。如果你发现自己遇到麻烦，不要气馁，只要把它视为观察意识动机本质的机会即可。观看呼吸间的微妙互动关系，包括想要控制呼吸的冲动，以及想要停止控制呼吸的冲动。你或许会暂时感到挫折，但这却是很有价值的学习经验，而且这只是过渡阶段。最后，呼吸还是会循着自己的步调前进，你也不会再有想操纵它的冲动。此时，你已经学会重要的一课，你学会了放松。

呼吸也需要练习？

呼吸，乍看之下似乎显得平凡而无趣，不过事实上它是一个非常复杂与迷人的程序。如果你注意看，它充满细致的变化，有吸气与呼气、长息与短息、深呼吸与浅呼吸、平顺的呼吸与不顺畅的呼吸等。这几种呼吸又彼此微妙地相互交错。仔细地观察呼吸，认真地研究它，会发现许多变化与一个不断循环的模式，就像一首交响曲一样。不要只观察呼吸的外貌，有比入息与出息更值得看的地方。每一个呼吸都有初、中、后的阶段，每一个入息都要经过出生、成长与死亡的过程，每一个出息也一样。呼吸的长短与快慢，会随着情绪、思维与声音的刺激而改变。研究这些现象，你会发现它们非常迷人。

不过，这并不表示你应该坐着而脑海中浮现这样的声音："一个短促的呼吸，一个深长的呼吸，下一个会是什么呢？"不，这不是内观，这是思考。你会发现这种事经常发生，尤其是在刚开始的时候，这也是一个过渡阶段。只要注意这个现象，重新将注意力放在呼吸的感受上就好了。分心会再次出现，将注意力一次又一次拉到呼吸上，持续这样做，直到不再分心为止。

刚开始时，可以预期会遇到很多问题。你的心经常跑开，像一只大黄蜂四处嗡嗡乱飞。尝试让自己别担心，毕竟心猿意马的现象时有发生。这是每一个经验丰富的禅修者都必须面对的事，他们已经用各种方式通过考验，你也一样可以。当这种情况发生时，只要注意到你正在思考、做白日梦或忧虑的这个事实即可。保持温和与坚定，不要气馁或灰心，重新回到呼吸单纯的感觉上，一次又一次进行。

了解自己，就能带来解脱

在这个过程中，有一天你将突然惊异地觉悟到你完全疯了。你的心是一个带着轮子的疯人院，尖叫着并语无伦次地从山丘上滚下来，完全失控与无助。没问题，你不会比昨天更疯狂。心一直都是如此，只是过去你从来没有注意到而已。你也并不比身边的任何一个人更疯狂，唯一真实的差别是，你已经认清这个情况，而他们则还没有，因此他们仍然可以苦中作乐。那并不表示他们比较好，无知可能是一种幸福，不过它无法带来解脱。因此，不要让这个觉知困扰你。事实上，它是一座里程碑，一个真正进步的象征。你已经正视这个问题，代表你已经上路，并且脱离它。

别思考，也别睡着

在对呼吸的无言观察中，有两个情况你应该避免：思考与昏沉。思考的心大都清楚地显示在我们前面讨论过的心猿意马的现象上，昏沉的心则多半是相反的情况。昏沉一般是指任何一种昏昧不觉的形式。它最好的情况是一种心灵的真空，其中没有思维、对呼吸的观察，或对任何东西都没有知觉。它是一个缺口，一片没有形状的心灵灰色地带，像无梦的睡眠一样。昏沉的心是空白的，避开它。

内观禅修有一种充满活力的作用，禅定是一种对单一项目的强而有力的注意，察觉则是一种光明而清晰的警觉。禅定与正念，是两种我们希望开发的能力。昏沉的心两者皆缺，最糟的情况就是，它会让你睡着，即使是最好的情况，也只会浪费你的时间。

禅修有特定目标，但没有时间表

当你发现自己陷入昏沉时，只要注意到这个事实，然后就重新将注意力拉回到呼吸的感觉上。观察吸气与吐气时鼻孔的触感。吸气、吐气，并观察所发生的事。你这样做了一段时间，也许几个星期或几个月之后，你会开始感觉到那种接触成了一个具体的对象。只要继续吸气、呼气，并观察所发生的事。当定力逐步增加时，心猿意马的状况就会大为减少，呼吸也会慢下来，干扰愈来愈少，你将更能清楚地追踪呼吸的变化。你开始体验到一种大大的安定，尝到完全没有烦恼的滋味。没有贪心、欲望、嫉妒、猜疑或憎恨；不再激动，恐惧也不见了。这些是美好与幸福的心态，它们是短暂的，会随着禅修结束而终止。但是这些短暂的经验还是会改变你的生活，这不是解脱，不过这些都是你进步的阶梯，会引领你到达目的地。但是，别期待速成的幸福。攀爬阶梯也需要付出时间、精力与耐心。

禅修体验不是一种竞赛，虽然有特定的目标，可是没有时间表。你正在做的是逐步挖掘表层的假象，达到究竟实相的觉悟。这个过程本身是迷人与自足的，能让你乐在其中，别着急。

当你好好地做完一次禅修时，会感到内心焕然一新。那是一种平静、活泼与愉悦的能量，能够拿来解决日常生活中的问题。从这点来说，就相当值得了。禅修的目的不是解决问题，解决问题的能力只是禅修的副产品，应该如此看待。如果太强调解决问题的层面，你将会发现，在禅修期间，你的注意力会不自觉地转移到问题上去，导致你无法进入禅定。

利用禅修增强能量

练习期间不要想你的问题，轻轻推开它们。暂时抛开一切忧虑与计划，让你的禅修成为一次完全的休假。相信自己，相信自己的能力，只要善用禅修期间所积累的心的能量与朝气，以后就可以解决这些问题。要像这样相信你自己，最后它就真的会发生。

不要为自己设定遥不可及的目标，对自己温柔一点。你正试着持续地跟上你的呼吸。这听起来好像很简单，因此你很容易在开始时就严格地敦促自己。不过，这是不切实际的，最好能将时间分成小段，慢慢来。开始吸进一口气时，只要下定决心跟上那一口气。即使只是这样都不简单，不过至少可以做得到。接着，开始吐气时也是一样，只要下定决心跟上那一口气，整个过程都是如此。你还是会一再失败，但是请持之以恒。

察觉正在发生的事

每一次你失败时，就再从头来过，一次一呼吸就好。这是你能真正获胜的游戏，跟紧它，在每一次呼吸的循环中，下定新的决心。谨慎、精准地观察每一次呼吸，一秒一秒地往上堆积，每一次都是一个新的决心。如此一来，最后一定会生起持续无间的察觉。

呼吸的正念是一种当下的察觉，当你的做法正确时，你只会察觉到现在正在发生的事。你不会向后看，也不会向前看。你忘记最后一次呼吸，对于下一次也没有期待。吸气开始时，你不会预期到那次吸气的结束，也不会转移到接下来的呼气上。你只停留在正在发生的地方。吸气正在开始，那才是你要注意的，除此之外别无其他。

禅修是一个调伏[①]心的过程。你的目标是达到完全觉知每一件事的程度，那是指发生在你的知觉世界里的每一件

① 调伏，指调和身、口、意三业，以制伏诸恶，也可以引申为“降伏”的意思。

事，它们是怎样发生的？又是何时发生的？就在当下，如实地觉知；就在现在，完整无缺地觉知。这是一个不可思议的高远目标，绝非一蹴而就。它需要练习，因此我们从小处开始，在一小段时间内，只在单一的吸气中完全觉知。当你成功时，你就已经迈向一种全新的生命体验。

第八章

规划你的禅修

你如实地观察，了解它们不过是冲动，来了又去，只是无常表演的一部分，你的生命将因此而彻底安顿下来。

到目前为止，前面所谈的每一件事都只是理论。现在让我们开始探究实际的做法，我们到底应该怎么进行“禅修”呢?

首先，你需要建立一个正式的练习时间表。在一段特定时间内，排除其他一切事情，只做内观禅修。当你还是婴儿时，你并不知道怎么走路，是有人费了许多功夫才教会你这个技巧。他们托住你的手，慢慢带着你前进，还给你许多鼓励，让你先跨出一步，一直到你自己会走才放手。

让心灵沉淀一下

在禅修中，我们遵循相同的基本步骤，致力于开发这个名为“正念”的心灵技巧。这段时间我们只做那个动作，并且规划我们的环境，以减少分心。在这个世界上，这并非简单易学的技巧。我们花了一辈子的时间培养我们的心灵习惯，那与无间正念的理想是背道而驰的。要将我们自己从那些习惯中解脱出来，需要一些策略。如同先前所说，我们的心就像是一杯混浊的水，禅修的目标是澄清污染物，以看清楚里面的状况。最好的方法就是静静地摆着，给它足够的时间，它自己会沉淀下来，最后杯子里呈现的就是清水了。在禅修中，我们刻意抽出时间进行这项澄清的工作。当我们从外面看时，它似乎完全无用。我们坐在那里，就像是一座石雕怪物一样。不过，里面则有很多事正在发生。心的那杯水正缓慢沉淀下来，使心变得清明，让我们可以有足够的能力面对即将发生的事。

那并不表示我们必须做什么来迫使它沉淀。那是一个自发的过程，端坐与保持正念是沉淀的因。事实上，我们迫使它沉淀所做的任何努力，都只会产生不良后果。那是压抑，无法成功。尝试强迫将事情从心里排除，只是赋予它们能量罢了。你或许暂时会成功，不过从长远来看，你只会让它们更强大。它们会隐藏在潜意识里，你一不注意就跳出来，让你招架不住，求助无门。

澄清心里那杯水的最好方法是让它自己沉淀下来，不要给那个情况添加任何能量。只要以正念观察混浊的水，在这个过程中不要任意涉入。然后，当它终于沉淀下来之后，它就会保持澄清。在禅修中，我们靠的是精进，而非蛮力。我们唯一能做的努力就是温和而耐心地保持正念。

禅修为你的正念重新充电

禅修阶段就像你一整天的横切面。每件发生在你身上的事，都以某种心理或感情的形式存放在心里。在日常生活中，你忙于应付各种事情，而这些压力很少被彻底处理。它们潜藏在无意识中，在那里翻腾、发酵与恶化。之后，当问题浮现时，你才开始质疑那一切压力来自何处。

这些东西在你的禅修中会以某种形式呈现出来。你得到一个检视它的机会，看清楚它是什么，并且放下它。我们设定一个正式的禅修时间，以创造一个有利于放下的环境。借由规律的生活，重建我们的正念。我们从那些经常刺激心的事务中抽身，取消一切会挑起情绪的活动。我们来到一个安静的地方打坐，接着一切就会冒出来，然后消失。它最终的作用就像是为一个电池重新充电，禅修为你的正念重新充电。

在哪里打坐?

找一个安静、隐蔽的可以独处的地方。它不必是位于森林中央的理想场所，那对我们大多数人来说，几乎是不可能的。不过，它应该是一个让你感到舒服而且不会被打扰的地方；同时它应该是一个你不会觉得自己像是在被展示的地方。你希望将一切注意力都放在禅修上，而不需要浪费在担心别人的眼光上。挑选一个愈安静的地方愈好，无须找一间隔音室。不过，噪声确实会使人分心，所以应该避免。音乐与谈话是最糟糕的，心很容易被这些声音吸引而迷失，你将因此而偏离禅定。

可以用一些传统的辅助工具来调整心情。例如暗室中的蜡烛、香，以及提醒你开始与结束的小铃铛等都不错。这些都是禅修的相关设备，可以策励人心，不过绝对不是修行必备的条件。

你可能会发现，每次都坐在同一个地方会有帮助。为禅修保留一个专用的场地，对多数人来说都是一项助缘。你很快便会将深沉禅定的平静与那个地方联想在一起，那个联想有助于你更快进入状态。那需要一点实验。多试几个地方，直到找到一个让你感到舒适的地方为止。你只需要找一个你不会感到不自然的地方，你可以在那个地方修禅而不会太过分心。

参加共修也不错

许多人发现参加团体共修能得到支持与帮助。规律练习的纪律是最重要的，多数人发现，如果他们有团体共修时间表的支持，将更容易规律地打坐。你已经许下承诺，便被期许要保持它，因此，可以明智地避免“我很忙”之类的托词。也许你可以在自己住的地区找到一群禅修者，即使他们各自练习不同的禅法也没有关系，只要那是一种沉默的形式即可。另一方面，你也应该尝试在禅修中保持自给自足，不要依赖团体的存在，不要让它成为你打坐的唯一动机。只要做法正确，打坐本身就是一种乐趣，因此，把团体当作辅助，而非唯一的支持。

什么时候坐？

提到打坐，最重要的原则是中道，也就是不要做得太多，也不要做得不够。这并不表示，你只能根据一时兴起的灵感打坐。它的意思是，你设定一个练习时间表后就温和而坚定地持续去做。把设定时间表的举动视为一种自我策励，如果你发现你的时间表已经不再是策励，反而成为一种负担，那么一定是哪里出错了。禅修不是一种责任或义务。

禅修是一种心理活动，你将面对感觉与情绪的素材。因此，它是一种非常敏感的活动，与每一次你所采取的态度密切相关。你最可能得到的，是你所期待的。因此当你期待打坐时，你的练习就会做得最好。如果你坐下来期待恼人的苦役，那也是很可能会发生的。因此设定一个合理的日常生活模式，让你往后都可以使用。如果你开始对解脱感到不耐烦，那么就有必要做一些调整与改变了。

早晨起床是禅修的好时机，那时你的心最清新，还不需要埋头于沉重的工作。早晨禅修是展开一天的好方式，它把你调整好，可以为有效地处理事情做好准备。你可以更轻盈地度过这一天，不过前提是，要确定你已经完全清醒。如果你只是坐在那里打盹，就没有什么用处，因此睡眠一定要充足。开始禅修前可以先洗脸或沐浴，或者先做一些运动，以促进血液循环。只要能让你充分苏醒，不管需要做什么都尽管去做，然后就坐下来禅修。无论如何，不要让自己被俗事绊住。你很容易忘记打坐，让禅修成为你一天当中最重要的事。

晚上睡觉前是另一个禅修的好时机，此时你的心充满一天下来所累积的心灵垃圾，如果能在睡前放下这些负担，那会是一件很棒的事。你的禅修会清理并恢复你的心。重建你的正念，如此你的睡眠才会是真正的睡眠。

每天固定禅修，但别修到体力透支

当你刚开始禅修时，一天一次就够了。如果想多修一点，那也很好，不过不要过量。我们经常在初学者的身上看到透支的现象，他们一头钻进修行，一天十五个小时，一连数周，接着，现实世界的问题就找上门来了。于是他们认为禅修花费太多时间，需要很大的牺牲，他们并没有那么多时间。不要掉入这样的陷阱中，不要在第一周就把你自己消耗殆尽，让匆忙的脚步慢下来，让你自己持续而稳定地努力。让你自己有充裕的时间将禅修纳入生活中，并且让你的修行稳定地成长。

当你对禅修的兴趣逐渐增加时，你将会发现在自己的时间表中，修行的空间加大了。那是自然的现象，多半自己发生，无须勉强。

经验丰富的禅修者，一天总会安排三至四个小时禅修。不过他们在日常世界依然维持平常的生活，他们会把时间腾出来，并且享受它。一切都是自然而然地发生。

坐多久？

原则就是：尽可能去坐，只要不过度即可。多数初学者从二十或三十分钟开始。刚开始时，坐太久并无益处。西方人并不熟悉这种姿势，调整身体就需要花一些时间。他们对于心灵技巧也一样不熟悉，调整也需要一点时间。

当你习惯这个程序后，就可以慢慢延长禅修的时间。我们建议在经历一年左右稳定的练习之后，你应该要舒适地坐上一个小时才好。

这里有一个重点，内观禅修不是一种苦行的形式，自我折磨绝对不是它的目标。我们是在尝试开发正念，而非制造疼痛。有些疼痛是无法避免的，尤其是在腿上。我们将彻底克服疼痛，在第十章，你将学到一些特别的技巧与态度，以应付疼痛。还有一个重点是：这不是严厉的耐力竞赛，你不需要对任何人证明任何事。因此不要逼迫你自己强忍疼痛打坐，只为了对别人说你已经坐了一个小时。那是无效的方式，不要在开始的时候坐过头。要知道你的极限，而且不要因为无法像磐石一样坐着不动而自责。

习惯禅修后，每次可多坐五分钟

当禅修愈来愈成为你生活的一部分时，就可以将禅修延长至一个小时。一般的做法是，在每一次你觉得舒适的时间范围内，再延长五分钟。

打坐并没有不容变通的时间长度。即使你已经建立起一个固定的习惯，还是不允许你坐那么久。那并不表示你应该取消那一天的练习，规律的打坐很重要，即使只禅修十分钟也很有益处。

有时候，你会一时兴起决定要坐多久，禅修时千万别这么做。如此很容易造成不安，而不安正是内观要对治的重点之一。因此选择一个实际可行的时间长度，然后就坚持做下去。

专心禅修，别偷看时间！

你可以用表来测量时间，不过不要每两分钟就偷看一次，这么一来，你将完全背离禅定而陷入不安的情绪中。你会发现自己希望赶快结束打坐，起身离开。那不是禅修，那是在看时间。不要看时间，除非你觉得整段禅修已经结束。其实，你完全没有必要看表，至少不需要每次禅修都看。通常，只要你想坐，就应该尽量坐。没有什么神奇的时间长度。如果没有事先决定时间下限，你将发现你打坐的时间会很短。每一次只要碰到不如意的事，或感到不安的时候，你就会匆匆结束。那并不好，这些考验都是禅修者进步的良机，一定要通过才行。你应该学习平静、清楚地观察它们，秉持正念看着它们。只要功夫下得够，它们就无法再影响你。你如实地观察，了解它们不过是冲动，来了又去，只是无常表演的一部分，你的生命将因此而彻底安顿下来。

“纪律”对多数人来说都是艰难的字眼，会让我们联想起一个人拿着棍子站在你面前指责你的画面。不过自律则不同，它是看穿你自己的冲动假象与揭开其中秘密的技巧。那些冲动对你其实并没有影响力，一切都只是一场表演、一个骗局。是你的欲望在对你尖叫、咆哮，以及劝诱、哄骗与威胁，它们根本没有拿棍子。你是习惯性地退却，你是因为不曾真正检视威胁背后的因素而退却，一切威胁的背后都是空的。要学习这一课只有一个方法，不过这页文字办不到这点。但是只要向内看，观察即将出现的事物，例如不安、焦虑、烦躁和疼痛等，只要看着它出现，不要被卷进去即可。事情会出乎你的意料，它将就此走开。它生起，然后消失，就这么简单。描述自律的另一个名词，就是“忍耐”。

第九章

修习慈心

你必须从排除自怨自艾与自责着手，允许善的感觉与善的愿望先流向你自己。

在上座部佛教国家里，每次禅坐都从一套常规的唱诵开始。外国听众可能把这些祈愿视为无害的仪式。不过，这些所谓的“仪式”，却是由一群务实而虔诚的男女所设计与改良出来的。它们有完全实用的目的，因此更值得我们深入检视。

佛陀曾是个受到异议的分子！

佛陀在他所处的时代被认为是个受到异议的分子。他出生在一个高度仪式化的社会，在当时的封建制度下，他彻底反对偶像崇拜。在许多场合，他反对为了自己而使用仪式，并对此相当坚持。这并不表示，仪式没有任何用处，它只表示，自私的仪式本身，无法让你解脱困境。真的，这样的做法只是另一个陷阱。如果你相信单靠念诵文字就能解脱，那只会更增加你对文字与概念的依赖。这让你偏离无言的实相觉知，而非靠近它。

因此，施行仪式时，一定要清楚地了解它们的本质与目的。它们既非祈祷、咒语，也不是神奇的魔法，而是心理的净化机制，需要积极的内心参与才有效。没有目的的喃喃自语是没有用的，内观禅修是一种细致的心理活动。修行者的心态是成功的关键，在平静与慈善的气氛下，这个技巧运作得最好。这些念诵就是用来培养那些态度的，如果正确使用的话，也可以成为解脱道上有用的工具。

禅修是孤独之旅

禅修是一种硬功夫，本质上就是一种孤独的活动。一个人对抗顽强的力量，其实正是禅修之心的一部分。当你真的进入它时，你将会发现自己面对一个令人震惊的觉知。有一天你将获得洞见，了解你所面临的全部困境；你努力想突破的，看起来就像是一道密不透光的墙。你发现自己坐在那里，盯着这个庞然大物，你对自己说：“那个？我难道是要通过那个？但是，那根本不可能！它本来就是那样，那就是全世界，是每件事的意义所在，那是我过去定义我自己与了解周遭事物的方式。如果把它拿掉，整个世界都会垮掉，我也会死。我无法通过那个，我办不到。”

那是一种骇人的感觉，一种非常寂寞的感觉。那种感觉就像“一个人单独在这里，试图打破一个超乎想象的庞然大物”。为了对抗这种感觉，知道你自己并不孤单将会很有用。其他人已经走过这条路，他们曾经遇到相同的障碍，但如今都已经走出一条光明的道路。他们计划可以完成工作的办法，并且聚集一群可以相互鼓励与支持的伙伴。

佛陀已经找到他自己通过这道墙的方式，在他之后还陆续有人加入。他留下法教，以引导我们走上同一条道路。此外，他还创立僧伽[①]，即比丘与比丘尼的团体，以保存那

---

① 僧伽，简称为“僧”，是指信受如来的教法，奉行其道而入圣得果的人。有时也指信受佛法、修行佛道的团体。

条道路，以及集合志同道合的人。所以，你并不孤单，你是有希望的。

禅修需要精进。你需要勇气去面对一些相当困难的心理现象，并且需要决心去经历各种令人不悦的心理状态。懒惰绝对无法成功。为了精进修行，请你对自己重复以下的话，用心去感觉自己的动机，并保持言行一致：

> “我即将踏上佛陀及其伟大神圣的弟子们曾经走过的道路，懒散的人无法遵循这条路。愿我的精进获胜，愿我成功。”

借由正念来瓦解自我

内观禅修是一种关于正念，亦即无我的觉知。它是一种借由正念的洞见来消除自我的过程。修行者从完全掌控身心的自我下手，展开这个过程。然后，当正念观看自我的作用时，它穿透自我机制的根，使自我瓦解，这一切可以说完全相互矛盾。正念是无我的觉知，如果我们从自我的掌控下开始，我们如何在开始时就投入足够的正念，展开这项工作？不管任何时候，当下总是有一些正念。真正的问题是，如何集合足够的正念，以产生作用？要这么做，可以使用一个巧妙的策略。我们可以削弱自我最具伤害力的层面，以减少正念在克服它时所遭遇的阻力。

贪与嗔是自我过程的主要表现形式，只要有执着与排斥的心理，正念就很难施展开来。这个结果显而易见，如果在意乱情迷时坐下来修禅，你会发现你哪里也到不了。如果心里一直挂念最近的赚钱计划，那么你会将大部分的禅修时间都花在思考上，一事无成。如果为了近日受到的侮辱而处于盛怒的状态，那将占据你的整个心。一天就只有这么多时间，你的禅修时间如此宝贵，因此最好不要浪费。上座部传统发展出一个有用的工具，可以至少让你暂时把这些障碍从心里移除，好让你可以着手斩断它们的根。

心病还需心药医

你可以用一个观念来化解另一个，就好比输入一种正面的感情来平衡负面的情绪。布施可以对治贪欲，慈悲则可以对治嗔恨。现在请清楚地了解：这并非要你借着自我催眠来释放自己。你无法为觉悟设定先决条件，涅槃[①]是一种没有先决条件（无为）的状态。一个解脱者确实是慷慨而慈悲的，但是他不是受条件制约才如此，那完全是他本质的显现，不再受到自我的约束。所以这是非条件性的，它无疑更像是心药，只要你依照指示服药，你正在受苦的症状就可以暂时获得缓解，然后，你就可以更认真地对治

① 涅槃，又作泥洹、泥日、涅槃那、涅隶槃那、抳缚南，意思是灭、寂灭、灭度、寂、无生，与择灭、离系、解脱等词同义。原来是指吹灭，或表示吹灭的状态；后来指燃烧烦恼的火灭尽，完成悟智（亦即菩提）的境地。这是超越生死（迷界）的悟界，也是佛教终极的实践目的，所以能彰显佛教的特征而列为法印（佛教的旗帜、标识、特质）之一，称为“涅槃寂静”。

疾病本身。

你必须从排除自怨自艾与自责开始着手，允许善的感觉与善的愿望先流向你自己，那是比较简单的。然后，对那些跟你最亲近的人做同样的事。慢慢地，再延伸到周遭的人，直到你可以将这样的情感导向敌人与其他人为止。如果做法正确，它本身就可以成为一种强而有力与功效卓著的修法。

在每次禅修开始时，对你自己说以下的话，真心感觉其中的动机：

> 愿我幸福、快乐与祥和。愿伤害不会加诸我，愿困难不会加诸我，愿问题不会加诸我。愿我经常成功，愿我能有耐心、勇气、觉醒与决心，去面对和克服无法避免的困难、问题，以及生命中的挫折。
>
> 愿我的父母幸福、快乐与祥和。愿伤害不会加诸他们，愿困难不会加诸他们，愿问题不会加诸他们。愿他们经常成功，愿他们能有耐心、勇气、觉醒与决心，去面对和克服无法避免的困难、问题，以及生命中的挫折。
>
> 愿我的老师们幸福、快乐与祥和。愿伤害不会加诸他们，愿困难不会加诸他们，愿问题不会加诸他们。愿他们经常成功，愿他们能有耐心、勇气、觉醒与决心，去面对和克服无法避免的困难、问题，以及生命中的挫折。

愿我的亲属们幸福、快乐与祥和。愿伤害不会加诸他们，愿困难不会加诸他们，愿问题不会加诸他们。愿他们经常能成功，愿他们能有耐心、勇气、觉醒与决心，去面对和克服无法避免的困难、问题，以及生命中的挫折。

愿我的朋友们幸福、快乐与祥和。愿伤害不会加诸他们，愿困难不会加诸他们，愿问题不会加诸他们。愿他们经常成功，愿他们能有耐心、勇气、觉醒与决心，去面对和克服无法避免的困难、问题，以及生命中的挫折。

愿所有人幸福、快乐与祥和。愿伤害不会加诸他们，愿困难不会加诸他们，愿问题不会加诸他们。愿他们经常成功，愿他们能有耐心、勇气、觉醒与决心，去面对和克服无法避免的困难、问题，以及生命中的挫折。

愿我的敌人们幸福、快乐与祥和。愿伤害不会加诸他们，愿困难不会加诸他们，愿问题不会加诸他们。愿他们经常成功，愿他们能有耐心、勇气、觉醒与决心，去面对和克服无法避免的困难、问题，以及生命中的挫折。

愿众生幸福、快乐与祥和。愿伤害不会加诸他们，愿困难不会加诸他们，愿问题不会加诸他们。愿他们经常能成功，愿他们能有耐心、勇气、觉醒与决心，去面对和克服无法避免的困难、问题，以及生命中的挫折。

念完之后，就把修行期间的一切麻烦与痛苦都抛开，丢掉这一切包袱。如果它们又回到你的禅修中来，分散你的注意力，只要如实对待它们，便万事大吉。

我们也建议在睡前或刚起床时练习无量慈心，据说它有助于安眠与防止梦魇。此外，它也让你早上起床变得更容易，而且还能让你对每一个人，无论是朋友或仇敌，以及其他生命，都更友善与开放。

愿我的敌人幸福快乐

内心所生起的烦恼，最具破坏性的尤其是在心安静时所产生的，那就是嗔恨。你可能在想起一些造成你身心受创的事件时，感到愤怒。这个经验可能会令你不安、紧张、激动与担心。你可能无法一边体验这种心态，一边继续打坐。因此，我们强烈建议你应该从生起无量慈心开始你的禅修。

你可能会质疑我们怎么能希望你在禅修时对自己说：

> “愿我的敌人们幸福、快乐与祥和。愿伤害不会加诸他们，愿困难不会加诸他们，愿问题不会加诸他们。愿他们经常成功，愿他们能有耐心、勇气、觉醒与决心，去面对和克服无法避免的困难、问题，以及生命中的挫折。”

愿一切众生都喜悦

你应该谨记，你修慈心是为了净化自己的心，就像你修禅是为了让自己从痛苦中得到安稳与解脱一样。当你在自己的内心修习慈心时，你可以表现得更友善，没有成见、偏见、分别心或嗔恨。你的高尚行为让你可以用一种更实际的态度帮助别人。悲悯是慈心在行动上的表现，没有慈心，就不可能帮助别人。“高尚的行为”，表现出的是一种更友善的态度；行为包括你的思维、语言与行动。如果这三种行为是相互矛盾的，那么一定是哪里出错了，矛盾的行为无法成为高尚的行为。此外，就实用的观点而言，开发高尚的思想是比较好的。“愿一切众生都是喜悦的”一定比“我恨他”来得好，我们的高尚思想有一天会表现出高尚的行为，而我们的恶意则会演变成邪恶的行为。

切记，你的思维是为了带来预期的结果，所以才转变成语言与行动。思维演变成行动才能形成具体的结果。你应该经常带着慈悲的正念说话与做事。当你谈论慈悲时，如果所表现的或所说的与慈悲完全相反，就会被智者谴责。当慈悲的正念增长时，你的思维、语言与行为就应该是温和、喜悦、有意义与值得信赖的，而且能够自利利人。如果你的思维、语言与行为对自己或他人造成伤害，那么你就应该扪心自问：“我真的具有慈悲的正念吗？”

让慈悲填满敌人的心

事实上，如果你所有的敌人都是幸福、快乐与祥和的，他们就不会是你的敌人了。如果他们都没有问题，没有痛苦、苦恼、偏执、恐惧、紧张与焦虑，他们就不会是你的敌人。对付敌人最实际的方法就是帮助他们去克服他们的问题，如此你才能活得更平安、更快乐。其实，如果可以的话，你应该把慈悲填满所有敌人的心，让他们了解平安的真正意义，如此你才可能活得更加平安与快乐。他们愈是恐惧、紧张与焦虑，就会给这个世界带来愈多的麻烦与痛苦。如果你能把一个堕落与邪恶的人转变成一个圣洁与品德高尚的人，你就创造了一个奇迹。让我们从内在开发足够的智慧与慈悲，将邪恶的心转变成圣洁的心。

当你憎恨某人时，你心想："让他难看，让他痛苦，让他失败，让他贫穷，让他默默无闻，让他没有朋友，让他死后转生恶道，永世不得超生。"不过，实际发生的状况却是，你自己的身体产生有害的化学物质，使你感到痛苦、心跳加速、紧张、表情扭曲、没有胃口、失眠与闷闷不乐。你已经先受其害，你希望敌人尝到的那些痛苦，你都一一经历了，同时你也无法看清楚事实。你的心就像沸腾的水，或者就像罹患黄疸的病人，对于任何佳肴都食而无味。同样，你也无法欣赏别人的表现与成就。只要这个情况存在，你就无法好好修禅。

因此，我们非常强烈地推荐，在认真展开禅修之前，先修习慈心。非常专注与用心地反复念诵上述句子。当你念诵这些句子时，先感觉内在真实的慈心，再将它与别人分享。因为，如果你自己心里没有慈善，那又如何与别人分享呢?

不过，切记，这些不是万灵丹，别奢望一吃就能见效。如果你只是依葫芦画瓢，那只是浪费时间与精力。但是如果你真的用心念诵，并且身体力行，它们就会给你最好的回馈。试试看，亲自去验证。

第十章

处理问题

生命就是快乐与痛苦的综合体，它们携手并进。禅修也不例外，你会经验到好时光与坏时光，也会感受到狂喜与恐惧。

禅修时会遇到一些问题。每个人都一样，会出现各式各样的问题，唯一绝对可以肯定的一件事是，你也有份儿。处理障碍时最重要的技巧，就是采取正确的态度。困难与障碍是整体修行的一部分，这些是无可避免的，也是可以被拿来利用的。它们为我们提供非常宝贵的学习机会。

我们之所以陷入生命的泥淖中，是因为我们不停地逃避问题并追逐欲望。禅修提供了一个实验的环境，在那里，我们可以检视这个症状，并且找出对治的策略。在禅修时生起的各种问题与麻烦，都是可供探讨与运用的素材。没有一种快乐不夹杂某种程度的痛苦，也没有一种痛苦完全没有快乐的成分。生命就是快乐与痛苦的综合体，它们携手并进。禅修也不例外，你会度过好时光与坏时光，也会感受到狂喜与恐惧。

墙在哪里？墙在你心里

因此，当你撞见一些经验，感觉像是一道墙时，请不要讶异。别以为你是特例，所有经验丰富的禅修者都有他们自己的墙。一道一道的墙一再出现，只要做好应对的准备即可。你处理困难的能力，取决于你的态度。如果可以试着将这些麻烦视为机会，作为修行的逆增上缘，你就会进步。禅修出现问题时的处理能力，会伴随你度过下半辈子，让你得以解决日后真正棘手的大问题。如果你试图回避禅修中产生的每一件麻烦事，其实你是在强化那有时已经让生命难以承受的习气。

学习面对不愉快的处境是很重要的。禅修者的职责是，对我们自己要有耐心，以不偏不倚的方式看待自己，包容自己所有的忧伤与缺陷。我们应该学习善待自己，逃避不愉快到最后是对自己非常不利的事。说来矛盾，善的必要条件是，当不善生起时，你得去面对它。

如果你真的很痛苦，不要回避

解决困难的一个常见做法是自我暗示：当一些讨厌的事冒出来时，你宁可相信它并不存在，或者相信它是乐而非苦。佛陀的做法正好相反。佛陀要求你彻底检视它，而非隐藏或掩饰它。佛教建议你不要硬套上那并不属于你的感觉，也不要回避真正属于你的感觉。如果你觉得很痛苦，那么你就真的很痛苦。那是事实，是正在发生的事，因此请正视它，正眼看它，不要退缩。当你正在难过时，检视那个经验，小心地观察它，研究那个现象，并了解它的机制。脱离陷阱的办法是研究它，学着了解它是如何造出来的。你的做法是把它分解开来，陷阱一旦被消除，就无法再困住你了，结果就是解脱。

面对生老病死，你可以有所选择

这个观点是最基本的，不过却是佛教最少被了解的哲学层面之一。那些肤浅的学者很快就将它归类为悲观主义，认为它总是绕着诸如痛苦之类的事打转，老是劝我们要面对痛苦、死亡与疾病等令人不悦的实相。佛教思想家则不认为自己是悲观主义者，而且事实上正好相反。痛苦存在于这个世间，无可避免，学习处理痛苦并非悲观主义，而是一种非常务实的乐观态度。你如何面对配偶的死亡呢？如果明天你就失去你的母亲、姊妹或最亲近的朋友，你会有什么感觉？假设在同一天失去工作、存款与双腿，你对于轮椅上的后半生还会有指望吗？如果你是癌症晚期病患，你会怎么处理那种疼痛？你又会怎么处理即将面临的死亡呢？这些不幸，也许大多数你都可以躲过，但是你躲不过全部。我们每一个人在生命中的某些时刻，都会失去朋友和亲戚。我们偶尔都会生病，最重要的是，我们每一个人有一天一定会死。你可以在这些事情上痛不欲生，或者也可以用开放的态度面对它们，完全看你怎么选择。

搞清楚，痛苦不等于受苦

痛苦是无法避免的，受苦则不然。痛苦与受苦是两件截然不同的事。如果这些悲剧中的任何一个打击你现在的心态，你会感受到苦。当下控制心的习气会把你锁在痛苦中，令你无法解脱。花些时间学习对治习气是不错的投资。多数人将精力全部花在设法减少他们的痛苦与增加他们的欢乐上。佛教并不建议你完全停止这样的活动，金钱与安全很好，痛苦也应该尽可能避免。没有人告诉你要放弃所有财产，或追求不必要的痛苦，不过佛教确实建议你要在学习处理不快乐上投资时间与精力，因为有些痛苦是无法避免的。看见一辆卡车快撞上来时，你一定会赶紧跳开。在禅修上花时间也是一样，学习面对不快乐，是使你有能力处理生命中那辆看不见的卡车的唯一方法。

修行中一定会出现问题，其中有些是身体上的，有些是感情上的，而有些则是态度上的。这些问题都可能会出现，并且各自的反应都不相同，但它们都是让你得以解脱自我的机会。

问题一：身体的疼痛

没有人喜欢痛苦，但是大家时常会碰到它。它是生命中最普遍的经验之一，而且一定会在你的禅修中以某种形式出现。

处理疼痛可以分成两个步骤：（一）尽可能消除痛苦，找出原因，加以解决；（二）如果疼痛仍然不退，就把它当作禅修的对象。第一个步骤是处理身体的状况，也许疼痛是头痛、发烧、瘀青或某种疾病所造成的。遇到这种情况，在你坐下来禅修之前，先接受医师的治疗：服药、擦药，或采取平常你会使用的做法。

有些疼痛与特定的坐姿有关，如果你不曾花很多时间盘腿打坐，就需要一段调适期，承受一些疼痛几乎是不可避免的。根据疼痛的位置，有一些特别的补救措施。如果是腿或膝盖的疼痛，那么先检查你的裤子。如果裤子很紧，或者面料太厚，有可能就是问题所在，试着改变它。此外，检查你的坐垫，把它压下去后应该还有八厘米左右的厚度。如果是腰部疼痛，试着松开你的皮带，必要时，松开你的裤头。如果你感到下背部疼痛，有可能是姿势错了，懒散的坐姿不可能会舒服，因此请坐直，不要太僵硬，但是一定要保持脊椎直立。颈部或上背部疼痛有几个来源，首先是手的姿势不恰当，手应该舒服地放在膝部，不要抬高超过你的腰部。放松你的手臂与颈部肌肉，但头部不要垂下去，要抬正，并与脊椎成一直线。

做了上述各种调整之后，你也许会发觉仍然有一些疼痛的感觉挥之不去。如果是这样，试试步骤二，让疼痛成为你的禅修对象。不要突然起身，也不要激动。只要以正念观察疼痛，当疼痛发作时，你会发现它转移了你对呼吸的注意力，不要反击。只要让注意力轻松地移到单纯的感受上。完全进入疼痛中去，不要阻止这个经验，而是要去发觉这种感受。超越你惯于逃避的反应，进入潜藏在反应底下的单纯感受。

你会发现有两件事呈现出来：首先是单纯的感受，亦即疼痛本身，其次则是你对那种感受的抗拒。抗拒的反应，部分是心理的，部分是身体的。身体的反应包括疼痛部位及其周围的肌肉紧绷。放松那些肌肉，一块一块来，每一块都要放松得很彻底。单靠这个步骤也许就能明显地减轻疼痛，接着再来处理心理层面的抗拒。就像身体的紧张一样，你在心理上也很紧张。你在心理上有钳制疼痛的感受，试图遮掩它，并将它排除到意识之外。这是个无言的抗拒，是“我不喜欢这个感觉”或“滚开”的态度。它很微细，但是它的确存在，只要认真看就能发现它，找到它，然后放开它。

后者是比较微细的，没有任何人类的语言足以精确地描述这种行为。掌握它最好的方法是用类推的方式。检视你对肌肉紧张的做法，再把同样的行为转到心理层面上，像放松身体一样放松你的心。佛教认为身与心是紧密联结的，它是如此真实，许多人都看不出这是两个分开的步骤。对他们来说，放松身体就是放松心，反之亦然。这些人会感觉到放松，包括心理与身体，只是单一的过程。不管是哪一种情况，最重要的是完全放下，一直到你的知觉慢慢通过抗拒的障碍，并且进入纯然觉知的底层。这个抗拒是你自己建立起来的障碍。它是一道沟，一个自他之间的距离感。它是“我”与“疼痛”间的界线。化解那个障碍，隔阂就消失了。你慢慢进入澎湃的感受之海，与疼痛合而为一。你成为疼痛。你看着它起落，之后，令人惊讶的事发生了：它不再造成伤害，痛苦不见了。只有疼痛还在，不过只是一个单纯的经验。那个被伤害的“我”不见了，结果就是从疼痛中获得解脱。

这是一个渐进的过程。刚开始，你只能期望战胜小的疼痛，而无法对抗大的痛苦。就像我们多数的技巧一样，随着练习逐渐进步。你练习得愈多，就愈能处理疼痛。请充分了解：这里介绍的不是受虐狂，自我折磨不是此处的重点。这是一种觉醒的练习，而非自虐。如果疼痛极端难忍，继续禅修并稍做移动，但只能缓慢而小心地移动。观察你的动作，感觉它的移动。观察它对疼痛的影响，并看着疼痛减轻，不过尽量不要动得太多。你动得愈少，就愈能维持正念。初学禅修者有时候会说，疼痛出现时，他们很难维持正念。这个困难源自一个误解，这些学生认为正念是有别于疼痛的经验，实则非也。正念永远无法独自存在，它一定要有对象，任何一个对象都好。疼痛是一种心理状态，你可以对疼痛保持正念，就像对呼吸保持正念一样。

我们在第四章中所探讨的准则也一样适用于疼痛。你应该很小心，过与不及的感受都不好。不要添油加醋，也不要遗漏任何细节。不要以概念、印象或推论去污染纯粹的经验，要在疼痛的当下保持觉知，如此才不至于错失它的开始与结束。未经清晰的正念检验的疼痛，会衍生诸如恐惧、焦虑或愤怒等情绪反应。如果能正确地看待它，我们就不会有这样的反应。它将只会是感受，只是单纯的能量而已。一旦你能在身体疼痛时学会这个技巧，一生当中都将受用不尽。你可以把它运用在任何一种令人不舒服的感受上，对于疼痛有效的做法，对于焦虑与习惯性沮丧也都会有效。这个生命当中最有用与最实际的技巧，就是有耐心。

问题二：腿失去知觉

对于初学者来说，在禅坐过程中，双腿失去知觉或麻痹是很常见的事，他们只是不习惯盘腿的姿势而已。有些人对此感到非常焦虑，觉得应该起来走动一下才好；还有人深信他们的腿会因为血液循环不良而坏死。感觉双腿发麻没什么好担心的，它是由神经压迫而引起的，而不是循环不良的缘故。你不会因为坐姿而伤害到腿部组织的，所以，放轻松吧！当你的腿在禅坐过程中失去知觉时，只要小心观察这个现象即可。检视它感觉上像什么，也许是某种不舒服的感觉，但是那并非疼痛，除非你太紧张了。只要平静地看着它，如果在整个禅坐过程中，双腿都是麻麻的，那也没关系。禅修一段时间之后，麻痹感会逐渐消失。你的身体会适应每日的练习，接着，不管坐多久都不会觉得腿麻了。

问题三：奇特的感觉

人们在禅坐时会体验到各种不同的现象。有些人会感到痒，有些人则会有刺痛、深度放松、轻盈或飘浮的感觉。你可能会觉得自己变大、缩小或者上升到空中。初学者经常会因为这样的感觉而激动，别担心，你不会立即升空。当你达到放松时，神经系统只是开始更有效率地让感官信号通过。大量先前受阻的感官信号如今可以畅行无阻，因而引发各种独特的感受。它没有任何特别的意义，就只是感受而已，因此只要使用平常的技巧即可。看着它生起，再看着它消失，不要被牵扯进去。

问题四：昏沉

禅坐中感到昏沉是很正常的。你变得非常平静与放松，原本就应该如此。很可惜，我们通常只有在睡着时才会体验到这种美好的状态，所以我们将它与那个过程联想在一起。如此自然地，你逐渐睡着了。当你发现这种情况出现时，把你的正念从呼吸转移到昏沉状态上。昏沉有某些特征，会影响你的思考过程。昏沉有某些对应身体的感觉，看看它们是什么。

这个好奇的觉知正是昏沉的对手，会令后者消失无踪。若非如此，你就应该怀疑身体嗜睡的原因，把它找出来并加以解决。如果你刚吃完一顿大餐，那可能就是这个原因。禅修之前最好不要吃得太饱，或者在饱餐一顿之后等上一个小时，再进行禅修。此外，也不要忽略最明显的因素：如果你搬了一整天的砖块，那当然会累；如果你前一晚只睡了几个小时也一样。注意你身体的需要，然后修禅。不要对睡眠让步，保持觉醒与正念，因为睡眠与禅定刚好是对立的经验。你无法从睡眠中获得崭新的洞见，你只能从禅修中获得。如果你很想睡，那么就深深地吸一口气，憋得愈久愈好，然后再慢慢吐出来。接着再深吸一口气，然后尽量憋住，再慢慢吐出来。反复这么做，直到你的身体温暖起来，睡意全消为止。接着，再回到呼吸上。

问题五：无法专注

一种过度活泼与跳跃的注意力是大家经常会有的，这在“处理分心”那两章中我们会有专门的讨论。不过，对于某些会引发这种现象的外在因素，你最好能在你的时间表中做一些简单的调整。心灵印象是深具影响力的东西，它们会在内心逗留很久。所有说故事的技巧都是对这些题材的直接操作。一部好的作品，它的文字与画面会对内心产生深远的影响。如果你刚看完年度最佳电影，接着在禅修时就会充满那些画面；如果你正在阅读惊悚小说，你的禅修就会充满怪物。因此，改变这些事件的顺序，改成先进行禅修，接着才去阅读或者看电影。

另一个具有影响力的因素是你自己的情感状态。如果你的生活中有一些冲突事件，扰攘不安的情绪就会被带进禅修中。尽量在禅修之前解决手边的纷争，你的生活就会进行得更平顺，在修行时不会胡思乱想。但是不要把这项建议当成逃避禅修的借口。有时候无法在打坐之前解决每一个问题，不要理它，径直去坐。是你自己短浅的目光困住了你，正好利用禅修放下一切以自我为中心的态度，你的问题在稍后会更容易获得解决。有时候心似乎永远静不下来，却找不到任何明显的原因。请回想我们先前提过的循环，禅修就是其中一环。你会有好时光，也会有坏日子。

内观禅修主要是唤醒觉知的修行。把心放空并不比正念正知更重要。如果你的心很乱，无法安定下来，那么只要观察它即可。那全都是你，你将因此而在自我开发的旅程中更往前迈进一步。最重要的是，不要因为心的喋喋不休而感到挫折，那个唠叨不过是正念关注的另一个对象。

问题六：无聊

很难想象还有比坐着不动一个小时只是感觉空气在鼻孔进出更无聊的事。在禅修中，你将不断重复这个过程。每个人都一样，无聊是一种心理状态，应该如此看待。以下两个简单的方法就能帮助你妥善处理。

（一）重新建立真实的正念。如果呼吸变成一种反复观察的蠢事，那么可以确定的一件事情是：你已经不再以真实的正念观察这个过程。正念永远不会无聊，如果你觉得无聊，就再看一次。不要认为你知道呼吸是什么，不要将一切看到的事视为理所当然。如果你这么做，就是在将这个过程概念化，你并没有看到它活泼的实相。当你对呼吸或任何其他的事保持清楚的正念时，就永远不会无聊。正念以童真之眼和好奇之心观察每一件事。正念看每一刻就像是这世上的第一次与唯一的一次。因此，再看一次。

（二）观察你的心态。注意看你无聊的状态。什么是无聊？无聊在哪里？它感觉像什么？它的成分是什么？它有任何生理上的感受吗？它对你的思维过程有什么作用？重新检视无聊，就像你以前从来不曾经历过那种状态一样。

问题七：恐惧

禅修时，恐惧的状态有时候会莫名其妙地浮现。这是常见的现象，它可能有许多原因。你可能受很久以前某件事的影响。请记得，思维念头是从潜意识中冒上来的。思维的情绪面会先于思维渗入你的意识知觉。如果你熬过恐惧，记忆本身就只会在你能承受的范围内唠叨。你可能直接面对我们都害怕的“未知的恐惧”。在禅修生涯的某一个时刻，你会受到实相的严重打击。你正在拆除一直用来对自己解释生命的假象之墙，你将直接接触究竟实相。那是骇人的，不过你终究必须面对。往前迈进并且深入其中吧！

你感受到的恐惧是自己制造出来的，那可能是出自笨拙的禅定技巧。你可能在潜意识里设定了一个“检查即将发生的事”的程序。因此，当一个令人害怕的幻想出现时，定力就会锁住它，而幻想就以你专注的能量为食，并且成长。这里真正的问题是，正念太微弱了。如果正念够强的话，它就会在刚一发生时注意到这个转换，并且以平常心处理这个情况。无论恐惧的来源是什么，正念才是对治之道。如实观察恐惧，不要执着于它，只要看着它生起与成长即可。研究它的作用，看看它如何让你感觉，以及如何影响你的身体。当你发现自己陷入恐怖幻想的深渊时，只要以正念观察它们即可。看画面就是画面，记忆就是记忆。看着情绪反应生起，并且如实觉知它们。站在过程之外，不要涉入，像一个好奇的旁观者一样看待整个变化。更重要的是，不要对抗情势。不要试图压抑记忆、感觉或幻想，只要置身事外，让整个混乱的状态自行沸腾与消逝。它伤害不了你，它只是记忆，只是幻想。它什么也不是，不过就是恐惧罢了。

当你让恐惧在意识觉知的舞台上走它自己的路时，它就不会沉入潜意识中，以后也不会再回过头来困扰你，它会永远地消失。

问题八：不安

心神不宁通常是出现在一些老修行潜意识里的一种掩饰手段。我们人类擅长压抑事情，而非直接去面对一些自身遭遇的不愉快经验。我们试图掩盖它，这么一来就不用去处理那件事。不幸的是，我们经常都无法成功，至少是无法完全成功。虽然将想法掩藏起来，但是用来遮掩的心灵能量却依然存在，并且悄悄爆发，结果便是造成我们称为“不安”或“心神不宁”的不适感。没有什么事是你可以罩得住的，但是你仍无法感到自在，仍无法放松。当这个不舒服的状态在禅修中出现时，只要看着它就可以了。不要让它控制住你，不要起身离开，也不要对抗它或试图让它消失。只要让它待在那里，并且仔细观察它。然后这个被压抑的东西最后一定会浮上来，你便会知道你到底是在担心什么。

你试图逃避的不愉快的经验可能是任何一件事：罪过、贪欲或其他问题。它也可能是明显的疼痛、隐疾或病症的前兆。无论它是什么，让它生起，并注意观察它。如果你只是端坐，观察你的不安，它终究会离开。通过不安的考验，是你禅修生涯中一个小突破。它会教导你很多事，你将会发现，不安实际上不只是一种肤浅的心态，它根本就是无常的。它来了又去，完全无法控制你。

问题九：太勉强

你会发现，高明的禅修者，通常都是非常喜悦的人。他们拥有一种人类最珍贵的宝藏，那就是幽默感。他们的幽默感不是脱口秀节目主持人那种肤浅的诙谐才能，而是真正的幽默。他们面对自己人生的挫败仍可以笑得出来，面对个人的不幸仍可以自我解嘲。初学禅修者通常都把自身利益看得太重，学习在禅修期间不要拘束很重要，禅坐时应该尽量放轻松。你必须学习客观地观察发生的一切事情，如果你紧张、对抗，把一切事情看得非常严肃，反而会把事情搞砸。

初学禅修者通常都急于看到结果，他们充满过度膨胀的期待。他们一头栽进去，期待马上就出现不可思议的结果。他们又推又挤，紧张兮兮又精疲力竭，一切都显得非常严厉而且严肃。这种紧张的状态对正念而言是适得其反，他们的收获当然也很小，然后就认为禅修很无趣，无法达成他们的期待，于是就把它抛开。你应该了解，你只能从禅修中去学习禅修，只能透过直接而实际的经验，才能学到禅修是什么，以及它会把你带到哪里去。初学者往往并不知道自己的方向，因为他并不清楚真正的修行是什么，只会天马行空地幻想。

新手的期待当然是不切实际与无知的，他们所期望的都是错误的事，那些期望完全没有好处，反而只会成为障碍。太勉强只会带来僵硬与痛苦，招致罪过与自责。当你太过勉强地修行时，你的努力就会变得呆板，而在正念启动前就扼杀了它。最好的建议就是放下一切，放下你的期望与紧张，只要以稳定而平衡的努力进行禅修即可。享受禅修，不要让它变成一个苦差或负担。保持正念就好，禅修本身会处理未来的事。

问题十：沮丧

太勉强的结果就是受到挫折，你处在紧张的状态，什么事也办不成。你了解自己没有达到预期的进步，因此感到沮丧，觉得自己像个失败者。这一切都是非常自然的循环，不过却是完全可以避免的。在不切实际的预期下勉强用功是主要原因。不过，这个症状随处可见，即使拥有一切最好的建议，你发现它还是会降临到你身上。有一个解决的办法，如果发现自己正感到沮丧，只要清楚地观察自己的心理状态即可。不要添油加醋，只要看着它。失败的感觉也只是另一个无常的情绪反应而已。如果你涉入，它便会以你的能量为食并且成长。如果你只是站在一旁看它，它就会消逝。

如果你是在禅修中觉知到失败而沮丧，那更容易处理。你感到自己无法保持正念，此时，只要对那种失败的感觉保持正念即可。你可以透过这个简单的步骤重新建立你的正念。造成失败的感觉，除了记忆之外别无其他。禅修中没有失败这一回事，只有退步与困难，除非你彻底放弃，否则根本不会有所谓的失败。即使你花了整整二十年都没有任何收获，你还是可以在自己选择的任何时刻保持正念。那是你的决定，后悔只会为失去正念打开另一扇门。在你了解自己失去正念的那一瞬间，那个了解本身就是一个正念的行为。因此，请继续这个过程，不要因为情绪反应而偏离正轨。

问题十一：抗拒禅修

有时候你会觉得不想禅修，一想到就烦。只是错过一次禅修原本没什么要紧，但是它很容易变成一种习惯。最好能尽量排除抗拒，继续打坐。观察这种厌恶的感觉，大多数的情况下它是一种短暂的情绪，只会在你的眼前晃一阵子，在你坐下去五分钟之后，它就会消失。另一个情况是因为那天的情绪低潮而引起的，这会持续久一点。不过，最后还是会消失。在二十分钟或三十分钟的禅修中将它解决，比带着它把你一整天都毁了要好。此外，抗拒也可能是因为修行本身遭遇到的一些困难而引起的，那个困难是什么，你可能知道也可能不知道。如果知道问题所在，就用本书介绍的技巧去处理。一旦问题解决，抗拒也会跟着消失。如果不知道问题所在，你就得坚强地熬过去，只要一直坐到抗拒结束，并且注意观察它，它会消失的。然后，问题的原因有可能会在觉知醒转时冒上来，那时你就可以着手处理。

如果你经常抗拒禅修，那么就应该怀疑你的基本态度可能出了什么问题，它可能很微细。禅修并不是一种枯坐的仪式，也不是一种痛苦或无聊的差事。此外，它也不是一种严格与严肃的义务。禅修是正念，是一种看事情的新方式，是一种游戏的形式。禅修是你的朋友，如此看待它的话，抗拒就会像被夏季微风吹拂过的轻烟一样，消失无踪。

如果你试过一切可能的方法，抗拒却依然存在，那问题可能就比较严重了。禅修者有时候会碰到超出本书范围的某些超自然的障碍，初学禅修者很少碰到这种情况，不过它却可能发生。不要放弃，去寻求协助。寻找合格的内观禅修老师，并且请求他们帮助你解决这个问题。他们的存在正是为了这个目的。

问题十二：恍惚或呆滞

我们已经讨论过昏沉的心理现象，在那个过程中有一种特别的途径你应该特别注意，呆滞的心理有可能是深刻禅定有害的副产品。当你的放松加深时，不只肌肉放松了，神经传导也改变了。这让身体产生一种非常平静与轻盈的感觉。你感到很平静，像是脱离身体一样。这是一种非常舒适的状态，一开始你的禅定还乖乖地集中在呼吸上。不过，当它继续时，舒适的感觉会喧宾夺主，转移了你对呼吸的注意力。你开始真正享受这个状态，而你的正念也开始走下坡路。你的注意力分散，无精打采地飘过朦胧的幸福之云。结果是一种非常没有正念的状态，一种恍惚的狂喜。它的对策，当然，就是正念。以正念观察这些现象，它们就会消失。当幸福的感受生起时，接纳它们，不需要回避，不过千万不要醉心于它们。它们只是生理感受，这样看待它们就可以了。感受就是感受，呆滞就是呆滞。看着它们生起，并且看着它们消失，不要涉入其中。

禅修时一定会有问题产生，每个人都一样。你可以把它们看成可怕的折磨，或者有待克服的挑战。如果你把它们视为负担，那只会增加你的痛苦；但是，如果你把它们视为一个学习与成长的机会，那么，你的心灵前景将会无限广阔。

第十一章

处理分心（上）

当你的心狂野而激动时，可以借由几次快速深呼吸来重新建立正念。

每一位禅修者在修行时都会碰上分心，需要有方法来加以处理。许多有效的方法被设计出来，好让你重新回到正轨上，那比单靠意志力硬撑要来得快。禅定与正念密切相关，彼此互补。如果其中一个虚弱，另一个最后一定会受影响。不平静的日子通常都是因为缺乏定力，你的心只是一直在随事浮沉。你需要一个重新建立禅定的方法，让你即使面对困境亦可适用。幸运的是，你拥有它。事实上，你可以从一些传统的方法中选择一个适合你的。

方法一：估算时间

分心把你从呼吸这件事情上拉开，你突然惊觉自己正在做白日梦。这个技巧是把你从陷阱中拉出来，彻底破坏钳制你的力量，如此你才能再带着完整的注意力回到呼吸上。你可以借由衡量分心的时间长度，来达到这个目的。这不是一种精确的计算，不需要一个精准的数字，只要粗略估算即可。你可以以“分钟”为单位，或者用明显的念头来计算，只要对你自己说：“好，我已经分心两分钟左右。”“从狗开始吠算起。”“从我开始想钱算起。”当你刚开始练习这个技巧时，看起来像是在自言自语。一旦这个习惯建立起来以后，就可以默默地快速进行。切记，这个方法是让你脱离分心，重新回到呼吸上。借由让它变成审视的目标，而帮助你脱离分心，只要约略估算分心的时间长度即可。一旦脱离分心之后，就应该抛开它，重新回到呼吸上。不要一直停留在估算时间的阶段。

方法二：深呼吸

当你的心狂野而激动时，可以借由几次快速深呼吸来重新建立正念。用力地把空气吸进来，再用力地把它吐出去。这会增强鼻孔内的感受，让它更容易集中。深呼吸会让精神抖擞，并提升你的注意力。如此可以迫使定力增强，让整个注意力重新回到呼吸上。

方法三：数息

数息是典型的传统做法，很多人把它当成主要的修行方法，其实也可以把它当成重建正念与增强定力的辅助技巧。如同我们在第五章中所说的，数息有各种不同的方式。记得要专注在呼吸上。你可能会在数息之后注意到一些变化：呼吸慢下来，或者变匀细了，这是进入禅定的生理征兆。此时，清楚地区分入息与出息，它们很容易混在一起。接下来，你可以把呼与吸合起来算成一次。继续你的数息，但是最多只数到五，从一数到五之后，重新数起。当你脱离分心后就抛开数字，并且忘记入息与出息的概念，只专注于呼吸的感受。入息融入出息，前息融入后息，绵绵密密，形成纯净平顺的无尽气流循环。

方法四：进／出

这是数息的替代方案，功能也差不多。只要把注意力放在呼吸上，然后在心里默记“入息……出息”，或者“进……出”。持续这么做，直到你觉得不需要这些概念为止，然后就把它们抛开。

方法五：以另一个念头加以对治

有些念头会一直缠绕着我们。我们人类是感情用事的动物，这是我们最大的问题之一。我们很容易陷入诸如性幻想、担忧与野心中。我们经年累月地以烦恼喂养那些念头，只要一有时间就与它们腻在一起，让它们日益壮大。然后当我们坐下来禅修时，我们命令它们离开，让我们独处。结果几乎不令人意外，它们根本不会服从。对于这些顽固的念头，我们需要集中火力，加以迎头痛击才可以。

佛教心理学有自己独特的分类系统。它不把事情分成“好”与“坏”，而是将事情分成“善”[1]与“不善”。不善的念头总是与贪、嗔、痴有关，这些是最容易让人困惑的思维。它们之所以不善，是因为它们让你无法解脱。相反，善念则与布施、慈悲与智慧有关。它们能对治不善，帮助

① 善，原文为 skillful，也可以翻译成“善巧”。

你迈向解脱，因此而称其为善。

你无法给解脱设定条件，它不是由思维或念头组成的状态。此外，你也无法给解脱的人格特质设定条件。慈悲的念头可以造成类似慈悲的东西，但是那不是真正的慈悲，它会在压力之下瓦解。慈悲的念头只会造成慈悲的表象。因此，这些善念本身，无法让你解脱。它们只有在对治不善时才是善。布施的念头可以暂时化解贪心，贪心暂时被压制，让正念可以无碍地工作。之后，当正念彻底突破自我的假象时，贪心才会消失，而真正的布施也才会出现。

可以将这个原则用在你日常的禅修中。如果一种特别的情结正困扰着你，你可以借由生起对立的想法与之抵消。例如，如果你憎恨查理，他紧绷的脸一直在你心里浮现，你可以试着对查理发出慈悲的心念，或试着思考他的优点，你也许可以因此而摆脱当时的心理印象。接着，你就可以继续禅修。

有时候这个方法无法奏效，那个情结太强烈了。在这种情况下，在成功地平衡它之前，你得先削弱它对你的影响力。不要让罪恶感得逞，那是人类最可鄙的情感之一。好好瞧一瞧你试图避免的情绪反应，认真地思考它，看它如何让你产生感觉。看看它对你的生活、你的快乐、你的健康以及你的人际关系做了什么。试着看它如何让你呈现在别人眼前，看它怎么阻碍你迈向解脱。巴利文经典要求你这么做，它们建议你生起厌离心，就像脖子上绕着腐烂的动物尸体一样。出离[1]是你追求的目标，这个步骤本身也许就可以了结问题。如果它不能，就再一次生起对立的情感来平衡残余的情结。

贪念涵盖一切与欲望有关的事物，从渴求物质享受，到希望被别人尊重皆是；嗔心则从小怨到暴怒；痴念则涵盖从白日梦到严重幻想的各种事情。布施对治贪，慈悲则对治嗔。只要你稍微静下来想一下，无论对于什么烦恼都可以找到一个特别的对治处方。

方法六：回想你的目的

有时候事情会毫无头绪地涌上心头。文字、短语或整个句子在不明原因下，从潜意识里突然跳出来。出现物体或者闪烁不定的画面，这是一个令人不安的经验。你的心像一面旗子在疾风中拍打，它来回飘荡，就像海洋里的巨浪。通常这个时候，只要回想你坐在这里的目的就可以了。你可以对自己说：“我坐在这里不是为了把时间浪费在这些想法上，而是为了把心集中在呼吸上，那对众生而言都是适用的。”有时候在说完之前，你的心就会静下来。其他时候，你可能得重复好几次，才能奏效。

这些技巧可以单独使用，合并使用也行。只要正确使用的话，它们便是你对抗心猿意马的有力武器。

---

① 出离，超出脱离的意思。也就是离开迷界（有情众生轮回转生的世界）、脱离生死轮回的苦，而成就佛道，以到达解脱的境地，亦即出离三界的牢狱，了脱惑业束缚捆绑，所以一般有“出离三界”“出离生死”“出离得道”的惯用语。

第十二章

处理分心（下）

不要为了分心而自责，分心是自然而然的，它们总是来来去去。

禅修时分心？别紧张！

你正安详地坐禅，身体不动，心也完全静止。你只是随着呼吸平顺地进、出、进、出……平静、安定与集中，每件事都很完美。然后，突然间，某个东西莫名其妙地浮上心头："我好想吃冰激凌。"很显然，那是一种分心，那不是你应该做的事。你注意到了，再把自己拉回到呼吸上，回到平顺的吸气、吐气、吸气……然后又一个东西蹦出来："我付过煤气账单了吗？"又一次分心。你注意到了，赶紧把自己再拉回到呼吸上，平顺地进、出、进、出、进……"那部新的科幻电影已经上映了，星期二晚上我也许可以去看。不，星期二不行，星期三有很多事，星期四可能比较好……"又一次分心。你再把自己拉回到呼吸上。才一会儿，那个声音就在你的脑袋里说："我的背快痛死了。"一次又一次地分心，好像永无止境。

多伤脑筋啊！不过事实就是如此。这些分心其实是关键所在，重点在于应该如何处理这些事。学习注意它们，而不会被它们绊住，这是我们写这一章的目的。可以确定的是，这种心理漫游很烦人，不过它是心运作的正常模式。不要把它当成敌人，那只是单纯的事实。如果你想要改变什么，第一件要做的事，就是认清事实，如实观察。

刚开始坐下来专注于呼吸时，你会被心的不可思议的忙碌程度吓着。心跳跃与踌躇，转向与反抗；心绕着自己追逐打转，喋喋不休；心思考、幻想，也做白日梦。不要为此感到气馁，那很自然。当你的心从禅修的主题上走开时，只要以正念观察这个分心即可。

将注意力暂时移到分心上

内观禅修中的分心，是指任何会令你入神以至注意力偏离呼吸的事情。这为你的禅修带来一个崭新与重要的准则：当任何心理状态强大到会让你偏离禅修的主题时，把注意力暂时转移到分心上，让分心成为你暂时的禅修对象。请注意“暂时”这两个字，它很重要。我们不是要你中途改弦易辙，也不是要你两三秒就换一个新的禅修对象，呼吸一直是你的焦点。你把注意力转移到分心上的时间长短，只要到足以认识它的特质即可，它是什么、它有多强以及它持续多久。

当你在心里默默回答这些问题时，其实你是在检查分心，然后你再把注意力拉回到呼吸上。这里请再次注意“默默”这两个字。这些问题不是为了引来更多的心理对话，那会把你引到错误的方向，引来更多的思考。我们希望你从思考回到一个直接、无言与非概念性的呼吸经验上。设计这些问题是要让你免于分心，并给你洞见以进入分心的内在本质，不是要让你陷得更深。它们会带你找出分心的症结，并帮助你脱离它，而且这一切在一个步骤内完成。

对治分心的三种仙丹妙药

问题来了：当一个分心或者任何心理状态在心中生起时，它是从潜意识中冒上来的，随后才升到意识心。那个时间差很重要，因为它让执着有足够的时间发生。执着几乎是在瞬间发生并且是从潜意识开始的。因此，当执着升到意识认知的层面时，我们已经陷在里面了。继续那个过程对我们来说是很自然的，当我们持续看它时，对分心的执着也变得更深。到了这个时候，我们已经是在思考，而非单纯以注意力在看它。这整件事都在一瞬间发生。这告诉我们一个重点：在我们的意识觉知到一个分心时，就某种意义而言，我们已经被它迷住了。

我们的三个问题——“它是什么、它有多强以及它持续多久”是对治这个特殊病症的良方。为了回答这些问题，我们必须查明这个分心的特质。为了那么做，我们必须先把自己抽离，在心理上与它保持一段距离，并且客观地看它。为了把它当成观察的对象，我们应该停止去思考这个想法，或者感受这种感觉，这个过程本身就是正念，或是清晰无染[①]的觉知。分心的执着像这样被打破以后，正念重新拿回控制权。此时，正念平顺地移转到它主要的焦点，也就是回到呼吸上。

① 无染，超越一切的烦恼、执着，进而保持清净的心性。

分心，谁不会?

刚开始练习这个技巧时，你可能必须借助文字。先以文字发问，再以文字回答。不过，不久之后，你就可以完全不用文字了。一旦心理习惯养成，就只注意那个分心，注意分心的特质，然后回到呼吸上。那完全是非概念性的过程，并且速度会很快。分心本身可以是：声音、感受、感情、幻想或任何事。无论它是什么，不要试图压抑它，不要强迫将它赶出心外。不需要那么做，只要以单纯的注意力小心观察它，你将发现你的注意力又毫不费劲地回到呼吸上。不要为了分心而自责，分心是自然而然的，它们总是来来去去。

虽然圣者这么说，你还是会自责，那也很自然。不过，只要将自责的过程看成另一个分心，然后再回到呼吸上。

这个事情发生的顺序为：呼吸→呼吸→分心的想法生起→为了分心的想法而感到挫折→为了分心而自责→注意到自责→回到呼吸上→呼吸→呼吸。如果你做得正确，那真的是一个非常自然与平顺的循环。其中的诀窍，当然，就是耐心。如果你能够学习观察这些分心而不介入，一切就很简单。你只是悄悄地通过分心让注意力轻易地回到呼吸上。当然，同样的分心可能在片刻之后再度冒上来。如果真是这样，只要以正念观察它。如果你在处理一个老旧而僵化的思维模式，这个情况可能会持续好一阵子，有时需要好几年。不要气馁，这也很自然。只要观察分心，重新回到呼吸上。不要对抗这些让你分心的想法，不要紧张或挣扎，那只会浪费你的能量。你用在抗拒上的每一分能量，都会进到思维情结中，并且让它变得更顽强。因此不要试图把这些想法赶走，你永远不可能获胜。只要小心观察分心，最后它自己会离开。很奇怪，你愈以正念观察这些干扰，它们就变得愈弱。只要观察的时间与频率足够，它们就会消失。对抗它们，它们反而会获得力量。以离染的心看它们，它们则会凋谢。

让正念助你一臂之力

正念具有化解分心的功能，就像武器专家可以拆除炸弹的雷管一样。轻微的分心只需一瞥就可以化解，以觉知照射它们，它们瞬间就会消失无踪。根深蒂固的思维形态则需要把握破解的机会，持续以正念反复观照。分心真的是纸老虎而已，它们本身没有什么力量，而且需要经常被喂食，否则就会死掉。如果你拒绝以自己的贪、嗔、痴喂养它们，它们就会萎缩。

正念是禅修最重要的层面，是最需要被开发的事。因此完全无须与分心对抗，关键在于对发生的事保持正念，不要去控制它。记住，禅定是一种工具，它的重要性次于单纯的注意力。从正念的角度来看，根本没有分心这一回事。心里生起的一切事物都只是另一次开发正念的机会。切记！呼吸，才是不可动摇的焦点，是专注的主要对象；分心则是注意的次要对象，它们当然和呼吸一样，是实相的一部分。正念的对象是什么其实并没有太大的差别，你可以注意呼吸，也可以注意分心。你可以注意你的心静止，以及定力强的事实；或者，你也可以注意定力分散，以及内心乱糟糟的事实。那是正念，只要保持那个正念，禅定就会随之而来。

禅修是为了什么？

禅修的目的不是永不间断地专注在呼吸上，这件事本身是无用的目标。禅修的目的不是达到一种完全不动与平静的状态。虽然那是美好的境界，但它本身无法带来解脱。禅修的目的是达到不间断的正念。正念，唯有正念，才能产生觉知。

分心以各种大小、形状和气味的形式出现。佛教哲学为此做了一些分类，其中一种是名为“盖”(āvaraṇāni)[①] 的分类。它们被称为“盖”，是因为它们会阻碍禅修，包括正念与禅定的发展。注意一下，“盖”这个字似乎有负面的意涵，这些心理状态也确实是我们希望断除的。不过，那并不表示，它们应该被压抑、避开或遭受谴责。

让我们以“贪”为例。我们希望避免延续心中生起的任何贪的状态，因为那种状态的延续会带来束缚与忧愁。

① 盖，指烦恼，因烦恼覆盖阻碍了善的心念。盖有五种，那就是贪欲盖、嗔恚盖、睡眠盖、掉举恶作盖、疑盖，合称“五盖”。

这并不表示我们应该试图在它出现时把它驱逐出去，我们只是拒绝支持它停留。我们让它来，然后让它走。当你初次以正念观察贪时，并没有赋予它任何价值判断。我们只是站在一旁看它生起。从开始到结束，整个贪的动向应该只用这样的方式加以观察即可。我们丝毫不帮助它，不阻碍它，也不介入它。无论它停留多久都随它去，我们利用它停留的时候充分学习。看看贪在做什么，看它如何困扰我们与他人。注意它是怎样让我们一直无法满足，且永远处于渴求的状态。从这第一手的经验中，我们从心底确定贪是不善的生活方式，这种觉知绝非理论性的。

所有“盖”的处理方式都一样，以下我们就来一一检视。

（一）贪。假设在禅修过程中，你受美好的经验吸引而分心，那可能是一种快乐的幻想或得意的想法，可能是自尊的感觉，或者爱的思维，或是由禅定引发的身体轻安的感受。无论那是什么，接下来就是贪的心态，也就是渴望实现你曾经有过的想法，或者希望增加你所拥有的经验。无论它的性质是什么，你都应该用这样的态度来处理贪念：注意生起的想法或感受；注意伴随而来的贪念，将它们区分开来；注意那个贪念的程度与范围；接着注意它持续多久，以及何时消失。当你完成之后，重新回到呼吸的正念上。

（二）嗔。假设你受到负面经验的影响而分心，那可能是令你恐惧或困扰的事物，可能是罪过、沮丧或疼痛，无论这个想法或感受的实质是什么，你发现自己在排斥或压抑，亦即想要避开、抗拒或否定它。这里处理的方法基本上也一样：看着想法或感受生起，并注意随之而来的排斥心态。衡量排斥的范围与程度，看它持续多久，以及何时消失。接着，重新回到呼吸的正念上。

（三）昏沉。昏沉可分为各种不同的程度与强度，从轻微的困倦到完全呆滞的状态都是。我们这里说的是心理状态，而非生理状态。睡眠或身体疲劳是完全不同的两件事，在佛教的分类系统中，这属于身体的感受。心理的昏沉近似于厌恶，是心逃避苦所要的小手段。昏沉就像是关掉心这部机器的开关，是感觉与认知敏锐度的钝化。它是装睡，也是强迫自己变笨。

这处理起来可能有些棘手，因为它与正念的运作刚好相反。不过正念仍然是对治此“盖”的良方，处理的手法也一样：当困倦生起时，注意它的状态；注意它的范围与程度；注意它生起时持续多久，以及何时结束。这里唯一比较特别的是，动作要快，要早一点捕捉到现象。你必须在它刚开始时就捕捉到它，并且立即觉知。如果失去第一时机，它的发展可能会压过正念的力量。当昏沉战胜时，结果就是心往下沉，甚至睡着。

（四）掉举[①]。不安与担忧的状态都是内心掉举的表现。你的心一直四处奔波，拒绝待在任何一件事上。你可能在同一个议题上反复思索。在这里，不稳定的感觉才是掉举

① 掉举，指心躁动不安的精神作用，与“昏沉”相对。此外，恶作与掉举合称“掉悔盖”。

的主要成分。心拒绝待在任何一处，它经常四处跳跃。这种情况的对策还是同样的基本程序。不安给意识透露一种特定的感觉，你也许称它为一种味道或特质。无论你把它叫作什么，那种不稳定的感觉呈现出一种可被定义的特征。找到它，一旦你发现它，注意它呈现的范围与程度。注意它何时生起，看它持续多久，以及何时消逝，然后把你的注意力重新回到呼吸上。

（五）疑。疑在意识上有它独特的感觉。巴利文经典对它描述得很好，那种感觉就像是一个人蹒跚地走在沙漠上，来到一个十字路口，四顾茫茫，他应该走哪一条路？由于无法辨别，因此他只能站在那里踌躇。禅修中最常出现的形式是类似这样的内心对话：“我为什么要这样坐着？我真的从这里得到什么了吗？噢！当然有。这对我是有好处的，书上这么说。不，那太疯狂了，这是在浪费时间。不，我不会放弃，我说要做就一定要去做。或者我只是顽固而已？不知道，我真的不知道。”不要掉入这样的陷阱中，它只是另一个障碍，只是另一个迷惑你觉知实相的小烟幕弹。要想解决疑惑，只要觉知内心摇摆的状态为审视的对象即可。不要被它困住，退到一旁看它。看它有多强，看它何时来，以及能持续多久，然后看着它消逝，再回到呼吸上。

美好与光明，如梦幻泡影

这是处理分心的一般模式。所谓的“分心”，我们这里是指会阻碍禅修的任何心理状态。其中有些很微细，列出一些可能的状态或许会有用，这些负面的状态比较容易被认出来，包括不安全感、恐惧、愤怒、沮丧、激动与挫折等。渴爱与贪欲比较难被发现，因为它们可以被用在我们一般认为善良与高贵的事物上。你可能希望自己变得更完美，或者你可能渴求更高尚的美德，你甚至可能贪爱禅修本身喜悦的经验。要让你自己脱离这些高尚的感觉比较困难，不过，最后，它也只是助长贪欲而已。它是满足欲望及忽视当下实相的方式。

不过，最为难的是，那些渗入禅修光明面的心理状态：快乐、平静、知足、同情以及对一切众生的慈悲。这些心理状态是如此美好与亲切，令你很舍不得放下它们。这让你觉得自己像是人性的背叛者，其实不需要这样感觉。我们并非建议你排斥这些心理状态，或者变成冷血的机器人，我们只是希望你如实观察它们。它们是心理状态，它们来，然后它们走；它们生起，然后它们消逝。当你继续禅修时，这些状态会经常生起，重点是不要执着于它们。只要站在一旁看它出现，看它是什么，有多强，持续多久，然后看着它消退。它只是你的内心世界所上演的另一出无常表演而已。

就像呼吸分阶段，心理状态也是一样的。每一次呼吸都有开始、中间与结束，每一种心理状态也有出现、发展与衰退，你应该努力看清楚这些阶段。不过，这并非易事。就像我们先前提过的，每一种思维与感受都是从潜意识中生起，稍后才浮升到意识层面。我们通常都是在它们浮升到意识层面并停留一段时间之后才觉知到。我们确实只有在它们已经稳定之后才觉知到分心。此时，我们才突然警觉自己在做白日梦、幻想或想着其他的事。显然，这已经是事件的尾声了。我们或许可以称这种现象为“从尾巴抓狮子”，这绝非明智之举。就像遇见一头危险的野兽一样，我们应该正面迎战逼近的心理状态。只要有耐心，就可以在它们即将从潜意识中冒上来时认出它们。

禅定带你往何处去?

由于心理状态是从潜意识中生起的，为了捕捉它们，你必须将觉知延伸到这个潜意识的领域。那很困难，因为你看不到下面所发生的事，至少与你所看到的意识思维不一样。不过你可以从学习中得到模糊的动感，并且借由心理触感加以操作。这需要练习，效果则取决于禅定的深刻程度。禅定减缓这些心理状态的生起，让你有时间去感觉它在潜意识中的生起，在第一时间就发现它。禅定将帮助你，把觉知延伸到思维与感觉初升的幽深玄妙地带。

当你的禅定加深时，你将有能力看见思维与感受缓慢地生起，像一个个气泡，各自不同而且错开。它们从潜意识中慢慢冒上来，在意识领域停留一阵子后就悄然消逝。

觉知对心理状态的运用是一种精确的操作，对感觉或感受更是如此。我们很容易超越感受，换言之，在事实之外增添一些东西。或者，我们也很容易低于预期的感受，只得到其中一部分，而非全部。你努力的理想是完全如实地体会每一种心理状态，既不增添也不遗漏任何一个部分。让我们以脚痛为例：它事实上只是一种单纯与流动的感受，经常在改变，每一刻都不一样；它从一处转移到另一处，忽强忽弱。疼痛不是一个东西，而是一个事件。不应该在它上面添加或指定任何概念。一种单纯的没有障碍的觉知，只会感到它是一种能量的流动形态，仅此而已。没有思维与排斥，只有能量。

都是概念惹的祸！

在初期的禅修练习中，需要重新思考我们对于概念化观念的重要假设。在学校与生活中，我们多数人都以推理的方式学会高超地操纵心理现象与概念的能力。无论是我们的职业、日常生活中的许多成就，还是左右逢源的人际关系，绝大多数都被视为成功操纵概念的结果。不过，在开发正念时，先暂时搁置概念化的过程，把焦点集中在心理现象单纯的本质上。在禅修期间，我们尝试在领先概念的层次上去直接体验自己的心。

但是人类的心早已习惯于把这些事件概念化为疼痛，你发现自己正把它想成一个专有名词——“疼痛”。那是一个概念，或是一个标签，是加诸在感受上的东西。你发现自己建构了一个心理印象、一个疼痛的画面，你把它具体化了。你可能看到一个腿部周围环绕着彩色疼痛的画面，这很有创意，也很有趣，不过不是我们想要的，那些是附加在活泼实相上的概念。你可能会自怜地想：“我的腿有一处疼痛。”“我”是一个概念，它是一个额外附加在单纯经验上的东西。

当你把“我”引进这个过程时，你在实相与觉知实相之间，建造了一个概念的鸿沟。诸如“我”或“我的”的想法，在直接觉知上并无立足之地，它们是额外附加与多余的。当你把“我”引进这个画面时，你是在对疼痛做确认的动作，那只会更强调它而已。如果你不把“我”拉进来，疼痛就不会那么痛了。它只是一个单纯激增的能量流，它甚至可以是很美好的。如果你发现“我”正迂回地涉入疼痛或其他感受的经验中，那时只要注意观察即可。对于疼痛的个人化过程保持正念正知。这整个观念可以说再简单不过。你希望如实观察每一个感受，无论是疼痛、喜悦或无聊。你希望以自然和纯粹的方式完全体验那件事。只有一个方法可以办得到，那就是对于你的时机要抓得很精准。每一个感受的觉知都要精确地符合那种感受。只要稍有延迟，你就错失了开端，而无法掌握全貌。如果你在它消退后才停留在那个过时的感受上，那时你所执着的只是记忆。那件事本身已经不见了，由于执着于那个记忆，因此你又错失了下一个感受的生起。那是很微细的操作，你必须活在当下，毫不迟疑地提起与放下。那是很轻微的接触，你对感受的接触不应该是过去或未来，而是当下这一个。

听“见”有人掉盘子……

人类的心很容易把现象概念化，它发展出许多聪明的方法来达成这个目标。如果你放纵心，则每一个单纯的感受都会引发概念性的思考。让我们以听为例：你在禅坐，而隔壁房间有人弄掉一个盘子，声音刺激到你的耳朵，你马上“看”到另一个房间的画面，也许还看到让盘子掉下来的人。如果这是一个熟悉的环境，比方说是你自己的家，你可能还会有三度空间色彩鲜明的内心动画，你会看到谁弄掉了盘子以及掉的是哪一个盘子。这整个程序都是瞬间在意识里呈现出来的，它就这么鲜明而清楚地从潜意识里跳出来，让人忽略其他事物，而只注意到它的存在。究竟原来的感受，那个单纯听的经验是怎么一回事？它在混沌中遗失了，完全被盖过与遗忘。我们错失了实相，进入一个幻想的世界。

这里有另外一个例子：你正在禅坐，这时有一个声音刺激到你的耳朵。那只是一个微弱的声响，隐约的嘎吱声。它可能是任何一件事。接下来可能发生像这样的事：“那是什么？是谁做的？从哪里发出来？距离有多远？有危险吗？”就这么一直继续下去，除了你的幻想投射之外，得不到任何答案。

听，就对了！

概念化是一个暗中有害的过程，它潜进你的经验，在不知不觉的情况下接手。在禅修中，当你听到一个声音时，只要对听的经验保持正念正知，如此而已。事实就是这么简单，我们很容易把它整个遗漏掉。声波以某种独特的模式刺激耳朵，那些波在脑内被转译成神经刺激传导，而那些神经刺激则对意识呈现出声音的模式，如此而已。没有画面，没有内心动画，没有概念，也没有内在的对话。只有声响，实相呈现出十分单纯与质朴的一面。当你听到一个声音时，注意听的过程。其他的事都只是絮叨而已，抛开它。这个规则同样适用于其他的感受、情绪与经验。注意看你自己的经验，钻进内在层层城府，看看里面究竟有什么。你可能会讶异，它竟然如此简单、庄严。

分心又何妨？

有时候好几种感觉会一起产生，你可能同时有一个恐惧的想法、胃痉挛、背痛，还觉得左耳垂很痒。不要坐在那里不知所措，不要一直来回变换，或怀疑选哪一个才好。其中有一个会是最强的，你只要开放自己，最显著的对象会自己跳出来，吸引住你的注意力。因此只要注意看着它出现与消失就够了，然后重新回到呼吸上。如果另一个对象自己跳出来，就让它进来，当它结束后，重新回到呼吸上。

不过，这个过程有可能被过度延伸。不要坐在那里寻找注意的对象。把正念放在呼吸上，直到有东西跳进来，把你的注意力引开为止。当你觉得分心发生时，不要与它对抗。让你的注意力自然地流到那个分心上，把它放在那里，直到分心消失为止，然后再回到呼吸上。不要寻找其他的生理或心理现象，只要让注意力回到呼吸上。有时候你会不小心睡着，一段时间之后，才突然醒来，这时你才了解到你已经偏离正轨好一阵子了。不要气馁，了解你已经分心之后，再回到呼吸上，完全不需要有任何负面的情绪反应。了解你已经分心，就是觉知的表现，它本身就是正念的行为。

像练肌肉一样练习正念

正念经由练习而进步，就像练肌肉一样，每一次运动，都会进步一些，让它变得更强壮。你感觉醒来的那个事实，代表正念已经发挥作用。那表示你赢了，你可以没有懊悔地回到呼吸上。不过，懊悔是一种受条件制约的反射动作，可能会不由自主地生起，这又是另一种习气[①]。如果你发现自己感到挫折、气馁或自责，只要以正念正知观察即可，那是另一个分心。注意它，看着它消逝，再回到呼吸上。

① 习气，又叫作“烦恼习”“余习”“残气”，简称“习”。由于思想及行为（尤以烦恼）经常生起，熏习于我们心中的习惯、习性、余习、残气等，都称为“习气”。

上述准则应该被彻底运用在你所有的心理状态上。你很快就会发现这是果决的训练，也是棘手的工作。你也会发现自己只愿意把这个技巧运用在经验的某一部分，而排除其他的部分。

跳出沼泽

禅修有点像是内心的酸剂，它会缓慢侵蚀任何放在它上面的东西。我们所执着的思维就是毒药。你发现自己对于某些思考会热心地追根究底，而对其他一些想法却异常守护与珍惜，不愿深入探究，那就是人的情况。

内观禅修不是一种游戏，清晰的觉知不只是过去的喜悦而已。它是一条解脱众生困境的道路，那个困境是贪与嗔所形成的沼泽。把觉知运用在负面的存在情况，相对而言是比较简单的。一旦你看过恐惧与沮丧在觉知的聚光灯下消散殆尽，你就会想重复那个过程。那些是令人不悦的心理状态，它们带来伤害，你希望摆脱那些事，因为它们会困扰你。要将相同的过程运用在你所钟爱的心理状态，例如爱国心、亲情或挚爱上，则困难得多。不过，善执和恶执一样会把你困在泥淖中。如果你勤修内观禅，就会更容易跳脱出来，重新呼吸到新鲜的空气。内观禅是到达涅槃的道路，从那些已经攀上顶峰者的报告来看，你所付出的每一分努力都是非常值得的。

第十三章
正　念

正念平等地对待一切经验、思维与感觉，它没有任何压抑，也没有个人的好恶。

正念是从巴利文 sati 翻译过来的，sati 是一种活动。它确切的意义是什么呢？其实没有确定的答案，至少很难用文字表达。文字是心设计出来的符号，它们以符号的模式描述那些事实。正念是领先符号的，不受逻辑的束缚。虽然如此，正念是可以被体验的，相对而言这是比较简单的，而且也可以被描述出来，只要你记住，文字只是指着月亮的指头，而不是月亮本身。真实的经验超乎文字与符号。正念可以用与此处全然不同的词语加以描述，而每一种描述也都可能是正确的。

正念是当下正在进行的微妙过程，这个过程超越文字，却不会让它变得不真实——恰好相反，正念是产生文字的实相，其后随之而来的文字只是实相的影子而已。因此，了解以下所说的事都只是比喻而已，这很重要，它们并非实相。实相是超越语言文字的，不过你可以体验它。两千五百年前，佛陀介绍的禅修技巧名为“内观”，它是一套专门用来体验连续正念的心理活动。

当你咿呀学语时，就曾有纯粹的觉知

当你初次认识某些事物时，就在你将它概念化或确认之前，有短暂的纯粹觉知。那是一种觉知的状态，通常这个状态只维持很短的时间，就在你把眼睛与心集中在事物上的那一瞬间，在你把它具体化、在心里锁定它、从其他事物中抽离出来之前。它在你开始想起来，以及你的心里说“哦，那是一只狗”之前就发生了。那个焦点柔和、瞬间流动的纯粹觉知就是正念。在那个短暂的心理瞬间，你经验到一件未成形的事物。你经验到瞬间即逝的纯粹经验，那是与其余实相互相联结，而非分离的。正念很像以余光看事情，那有别于正眼所见。然而，这个柔和与非集中的瞬间觉知，却包含一种非常深入的认识，那是你把心集中并将对象具体化后所缺乏的。在一般认识的过程中，正念的步骤是瞬间即逝的，因此很容易被忽略。我们已经养成只注意其余步骤的习惯，聚焦在认识、认知、贴标签上，以及涉入一长串符号的思维。原始的瞬间正念一闪即逝，修习内观禅的目的就是训练我们延长觉知的时间。

当这个正念被使用适当的技巧加以延长后，你将发现这个经验非常深奥，而且还会改变你的整个世界观。要达到这种认识层次需要学习以及持之以恒的练习。一旦你学会了这个技巧，你会发现这个正念有许多非常有趣的层面。

正念的特质

正念是反射镜式的思维，只会如实反映所发生的事，没有偏见。它具有以下几个特质。

（一）是什么就是什么。正念是不带评判的观察，它是内心无私观察的能力。有了这个能力，一个人才可以不从责难与评断的角度来看事情。他不会为任何事感到惊讶，他只是不偏不倚、如实地看待当下的经验。他既不决定也不评判，就只是观察。请注意，当我们说“他既不决定也不评判”时，我们的意思是，这个禅修者的观察经验很像科学家在显微镜下观察物体，没有任何先入为主的意见，就只是如实地观察。禅修者以同样的方式注意无常、苦与无我。

如果我们不能在事件发生时接受内心的各种状态，就不可能客观地观察心里发生的事，对于不喜欢的心理状态而言更是如此。为了观察自身的恐惧，我们应该先接受我们害怕的这个事实。如果不能完全接受自己的沮丧，我们就不可能检视它。这对于恼怒、激动、挫折与其他不舒服的感情状态来说也同样适用。你无法一边忙着排斥某些事，一边还能彻底检视它。对于我们拥有的任何经验，正念都一概接受。它只是生命的另一个事件，另一个该被觉知的事而已。没有骄傲、羞愧，或者个人的情绪，它是什么，就是什么。

（二）不偏不倚的察觉。正念是一种不偏不倚的察觉。它不会靠边站，不会执着所认知的事，它就只是觉知。正念不会因为好的心理状态而入迷，也不会尝试回避不好的心理状态。它既不会执着乐，也不会逃避苦。正念平等地对待一切经验、思维与感觉，它没有任何压抑，也没有个人的好恶。

（三）毫无遮蔽的注意力。正念是非概念性的觉知。形容正念的另一个说法是“毫无遮蔽的注意力”。它不是思考，与思维或概念都无关，也不会停留在观念、意见或记忆上，它只是看。正念只在乎经验，但是它不会比较它们，不会给它们贴标签或归类。正念观察每一件事都像第一次接触它们，它不是建立在反省与记忆之上的分析，而是对于当下发生事件直接的经验，不经意识思维的媒介。它在认知的过程中比思维来得早。

（四）当下的觉知。正念是当下的觉知，它就发生在此时此地。它是对现在正在发生的事件做观察。它永远待在现在，永远都在时光前进的波峰上。如果你回想起二年级的老师，那是回忆；接着，当你觉知到你正在回忆二年级的老师，那就是正念。如果你再把这个过程概念化，并对自己说："噢！我正在回忆。"那是思维。

（五）无我的警觉。正念是不以自我为中心的警觉，它是在无我的前提下发生的。秉持正念看一切现象的人，不会有"我"或"我的"这样的概念。例如，假设你的左腿疼痛，一般的意识会说："我有个地方痛。"使用正念的话，一个人只会注意到感受就是感受。他不会在上面增加一个额外的"我"的概念。正念禁止一个人对认知增添或减少任何东西，他既不会增加，也不会强调任何事物，只是如实观察，毫无扭曲。

（六）觉知变化。正念觉知变化，它观察经验之流。它看着事物变化，看着一切现象发生、成长与成熟，也看着现象衰败与灭亡。正念须臾不离地持续看着事物。它观察一切现象，不论是物理、心理或感情，以及任何在心里呈现的现象。禅修者则只是坐着看表演。正念是对过往现象本质的观察，看着事物生起与消逝。看着事物怎么让我们产生感觉，以及我们如何对它做出反应。它观察这件事如何影响周围。在正念中，禅修的人是无私的观察者，他唯一的任务便是持续追踪内在世界的无常表演。

请记住还有一点，在正念中，一个人看的是内在世界。开发正念的禅修者，关心的不是外在世界。它就在那里，但是在禅修中，一个人的探究领域是他自己的经验，是他的思维、感觉与认知。在禅修中，他的实验室就是他自己。内在世界有庞大的资料库，反映外在世界与更多的事物。检视这些资料，就能带来完全的解脱。

正念是参与的观察，禅修者既是参与者也是观察者。当一个人在看他的感情或生理感受时，他同时也在感受它们。正念不是一种对智力的了解，它只是觉知。反射镜式思维的比喻在这里失效了，正念是客观的，但不是冰冷或是没有感觉的。它是生命觉醒的经验，一种生活过程中警觉的参与。

正念在文字上很难定义，不是因为它很复杂，而是因为它太简单、太开放了。同样的问题也发生在人类的每一个经验领域，最基本的概念总是最难定义。查阅字典就是最明显的例子，长字通常都有简明的定义，但是基本的短字，像是“the”与“be”的定义则有一长页。在物理上，愈基本的功能愈难描述，像那些与量子力学有关的基础事实就是。正念是领先符号的作用，你可以整天玩弄文字符号，却根本无法确定它。我们永远无法完全描述它是什么，不过，我们可以说它做了什么。

正念有三种基础活动

正念有三种基础活动：（一）正念提醒我们应该做什么；（二）正念如实地观察事物；（三）正念看见一切现象的真实本质。让我们详细检视这些功能性定义。

（一）正念提醒我们应该做什么。在禅修中，你把注意力放在一个地方。当你的心偏离这个焦点时，正念会提醒你，你的心正在徘徊，以及你应该做什么。是正念把你的心拉到禅修的目标上，这一切都在瞬间发生，没有内在对话。正念不是思考，在禅修中反复练习它，当它变成心理习惯之后，以后便都可以受用。一个认真的禅修者随时保持正念正知，日复一日，无论是不是正式禅坐都一样。这是一个非常崇高的理想，往往需要经过数年甚至数十年的练习才可能达成。我们执着于思维的习惯是日积月累而成的，那个习惯会以最顽强的态度缠住我们。唯一的解决办法就是用同样坚持的态度开发相续的正念。当正念生起时，你就会注意到你当时对思维模式的执着。正是这样的注意让你得以跳出那个思维过程，得到解脱。接着正念把你的注意力拉回到它正确的焦点上。如果你当时是在禅修，那么你的焦点就是正式的禅修对象；如果你不是在禅修，那就只是正念本身单纯的作用，只是单纯注意生起的事物而不涉入："啊！这开始了……现在是这个，现在是这个……现在是这个。"

正念既是毫无遮蔽的注意力，也是在我们分心时提醒我们注意的功能。毫无遮蔽的注意力就是察觉，它只是借由注意“当下它不存在”来重建自己。一旦你察觉到自己没有在察觉，那么根据定义，你就是在察觉，这时你已经重新回到正念上。

正念在意识上创造出它自己独特的感觉。它有一种风味：轻盈、明亮且充满活力。相形之下，意识的思维则是粗重、沉闷而又呆滞的。不过，这些毕竟都只是文字。你自己的练习会告诉你差别所在，然后你可能会提出自己的文字，而这里所用的文字则会变成多余的。记住，练习才是关键。

（二）正念如实地观察事物。正念既不会对认知添油加醋，也不会删减任何东西。它不会做任何扭曲。它是毫无遮蔽的注意力，只观察出现的任何事物。意识思维则把东西贴到我们的经验上，让我们负担概念与意见，把我们淹没在计划与忧虑，以及恐惧与幻想翻腾的漩涡中。如果有正念，你就不会玩那种游戏。你只是注意当下内心生起的事物，接着，你注意到下一件事：“啊！这个……还有这个……以及现在这个。”它真的很简单。

（三）正念看见一切现象的真实本质。正念，而且只有正念，才能理解佛教所教导实相的三个主要特征：无常、苦与无我（巴利文分别为 anicca，dukkha 以及 anatta）。这三个特征不是盲目的教条式信仰，佛教徒认为任何人只要以正确的方式研究，就会发现它们是普遍与自明的实相。正念是研究的方法，正念本身有能力揭露人类所能观察到的最深层的实相。在这个检视的层面，人们了解到：（1）一切因缘法本质上都是短暂的；（2）所有世间法到头来都是无法令人满足的；（3）其实没有永恒不变的实体，只有过程。

正念的运作就像是电子显微镜，它在一个微细的层面操作，让人可以在意识思想过程最好的理论架构下，直接掌握那些实相。正念看见每一个念头无常的特性，看见一切被认知的事物何其短暂及其不断流逝的本质。它还看见一切因缘法无法被满足的固有本质。它看见在这些流动表演中，你什么也抓不住，平静与快乐无法用这样的方式寻获。最后，正念看见一切现象根本无我的本质。看见我们独断地选择某些想法，把它们从经验之流中截取出来，然后将之概念化成独立与恒存的实体。正念看见这些事，不是用想象的，而是直接看见它们。

当它被完全开发时，正念立即直接看见存在的三个特征，不经意识思维的媒介。事实上，这三者在本质上是一体而非分开的。它们全都是我们努力进行这个名为“正念”的单纯基础过程的结果，并且用意识层次不充足与笨拙的思维符号加以表达。正念是一个过程，并非逐步发生，而是整个一起发生：你注意到自己缺乏正念，而那个注意本身就是正念的结果；正念就是毫无遮蔽的注意力，而毫无遮蔽的注意力则是如实观察实相；它们存在的方式是无常、苦与无我。这一切都在几个刹那之内发生。不过这并不表示，你会在生起正念的第一瞬间，马上达到解脱（摆脱人类的一切弱点）。学习把正念整合到你的意识生活完全是另一个过程，而学习保持这个正念的状态则又是另外一个。不过，它们都是令人喜悦的过程，非常值得你努力去做。

正念是内观禅的核心

正念是内观禅的核心，也是整个过程的关键。它同时是这个禅修的目标，以及到达终点的方法。你借由警觉而达到正念。另一个被译成正念的巴利文是 appam ā da，它的意思是不放逸或不错乱，亦即随时掌握内心的实况，达到最清明的状态。

巴利文中的 sati 还有“记得”的含义。它不是回忆过去的想法或画面的意思，而是清楚、直接与默默地觉知什么是、什么不是，什么对、什么不对，以及我们正在做什么与我们应该怎么做。正念提醒禅修者在恰当的时间把注意力放在正确的对象上，并且确实精进以完成任务。当精进被正确地运用时，禅修者会持续处在一种平静与警觉的状态。只要保持这种情况，则“五盖”或“烦恼”就无法生起，也就没有贪心、嗔恨、欲望或懒惰。

但是我们都是人，也都会犯错。我们多数人都重复地犯错。尽管是真诚地精进，禅修者还是偶尔会让他们的正念溜走，然后发现自己陷入一些令人遗憾却还算正常的人类失误上。是正念注意到那个改变，同时也是正念提醒我们要精进，以跳脱那样的困境。正念溜走的情况会一再发生，不过频率会随着练习而递减。

一旦正念将这些烦恼移除后，更健康的心态就会取而代之。嗔恚变成慈悲，欲望则成为离欲。同样也是正念注意到这个改变，并提醒内观禅者保持微细的心灵敏锐度，那是保留这些更值得拥有的心理状态所必需的。正念促进智慧与慈悲的成长，让它们可以达到完全成熟的境界。

我们的内心深处埋藏着一个机制，即接受美好与欢乐的感觉，排斥丑陋与痛苦的经验。这个机制带来的那些心理状态是我们要训练自己将之去除的，例如贪心、欲望、嗔恚、厌恶与嫉妒等。我们选择去除这些障碍，不是因为它们字面上邪恶的关系，而是因为它们的强制性；因为它们会把心整个接管过去，完全掳获我们的注意力；因为它们在封闭的思维小圈圈中来回打转；而且，因为它们会把我们与活泼的实相隔离开来。

这些障碍在正念存在时无法生起。正念是对于当下实相的注意，因此与构成障碍的迷惘心态直接对立。身为禅修者，只有当我们让正念溜走时，内心深沉的机制才会出来接管，亦即抓取、执着和拒绝。接着阻力就出现了，并且遮蔽我们的觉知。我们没有注意到改变正在发生，因为我们正忙于报复、贪婪或有其他的想法。一个未经训练的人会一直处于这种状态中，而一个经过训练的人则会马上了解正在发生的事。是正念注意到这个改变，也是正念记得曾经受过的训练，并且集中我们的注意力，化解迷惑。此外，正念还会尝试让它自己一直维持下去，让阻力无从再次生起。所以说，正念是烦恼障的特效药，它既是药方，也是预防的手段。

正念化解心中的烦恼

完全开发的正念是一种对世上一切事物完全无染与不执着的状态。如果我们可以维持这个状态，就不需要其他的方法与措施来让我们远离障碍，进而从人类的缺陷中达到解脱。正念不是粗浅的觉知，它深入看事情，潜入概念与意见的表层底下。这种深入的观察让我们完全确定，没有丝毫疑惑。它表现出来的，主要是一种持续且稳定的注意力，永远不会退缩和移转。

这个纯净无染的觉知不仅能排除心理障碍，还能让它们的机制暴露出来，并加以摧毁。正念化解内心的烦恼，达到无染与安定的境界，完全不受生命起伏的影响。

第十四章

正念与禅定

正念是较敏感的一个，它注意事物；禅定则提供力量，它让注意力固定在一个项目上。

内观禅是一种平衡心理的活动，你的目标是开发心的两种美德，亦即正念与禅定。原则上，这两者是一组的，可以说是前后并排的双头马车。因此，以平衡的态度一起开发它们，是很重要的。如果偏重其中一项而牺牲另一项，就会失去心的平衡，无法达成禅修的目标。

什么是“心一境性”？

禅定与正念有截然不同的功能，在禅修中扮演的角色也不同，两者之间的关系是明确而微妙的。禅定通常被称为“心一境性”①，就是迫使心稳定地安住在一点上。注意“迫使”这个词，禅定是具有强制性的活动，可以借由不懈的意志力被强行开发出来。一旦被开发出来之后，它还是保有原先力量的特色。另一方面，正念则是一种带来精妙感受的功能。这两者是禅修任务中的伙伴，正念是较敏感的一个，它注意事物；禅定则提供力量，它让注意力固定在一个项目上。原则上，正念负责联系，它挑出注意的对象，并警觉注意力是否离题；禅定则负责实际的工作，将注意力稳稳地锁定在选择的对象上。如果其中一个伙伴偏弱，你的禅修就无法正常运作。

禅定可以被定义为心专注于一个对象上不动。真实的

① 心一境性：“定”有七个名称，这是其中一种说法，“定”因为有使心止住于一境的特性，所以有此名称。请参见本书37页注释①。

禅定是健康的心一境性，这是应该被重视的。换言之，这个状态是没有贪、嗔、痴的。不健康的专注也有可能，但是无法带来解脱。你可能在欲望里心一境性，不过那成不了事。持续集中在你憎恨的事物上对你毫无帮助，事实上，即使达到这种不健康的禅定也是相当短暂的，尤其当它被拿来伤害他人的时候。真实的禅定是没有这种染着[①]的。它是一种心被集中在一起的状态，能力与密度因此而提高。我们可以用透镜来比喻，平行的太阳光束照射在一张纸上，顶多只能温暖它的表面。但是当同样的光束经由透镜被集中在一点时，纸张就可能会燃烧起来。禅定就是透镜，它创造看透内心所需的燃烧密度。正念则选择透镜聚焦的目标，然后透过它去看里面有什么。

水能载舟，亦能覆舟

禅定应该被视为工具，像任何工具一样，可以被拿来用在好的或坏的用途上。一把尖锐的刀子可以用来创造美丽的雕刻，也可以用来伤害别人，视使用刀子的人而定。禅定也一样，如果使用正确，将可以帮助你达到解脱。不过它可能被用于自我的目的上，也可以被用在成就与竞争的框架中。你可以利用禅定来控制别人，你可能为了一己之私而使用它。真正的问题是，禅定本身不会给你提供自

① 染着，由于贪爱等烦恼，心中有所染污与执着。

我的观点，它与自私的基本问题，以及痛苦的本质都没有关系。它可以被用来挖掘深层的心理状态，但是即使在这个时候，以自我为中心的力量也无法被了解；只有正念才能了解自我，只有正念会带来智慧。此外，禅定还有其他的限制。

真正的深定只有在特殊的条件下才会发生。佛教徒大费周章地盖禅堂与寺院，主要目的就是创造一个不会分心的环境，没有噪声，也没有其他的干扰，以便学习这个技巧。此外，同样重要的是，创造一个没有感情纷扰的环境。禅定的发展会受到五盖的阻碍，我们在第十二章中已经谈过，包括感官欢乐的贪欲、嗔恚、昏沉、掉举与疑。

在清净之地清修

寺院是一个严格控制的环境，在那里，感情的干扰被降到最低。异性不准同住，因此，欲望就无从生起。那里也不允许拥有个人财产，因此减少对所有权的争执，并且减少贪婪的机会。禅定还有另一个难处应该被提及：在深刻禅定中，你只专注于禅修的对象，因而忘记其他一切琐事，例如你的身体与身份，以及你周围的一切事物，把自己暴露在危险中。寺院是一个有用的便利设施。那里的人不仅为你提供食物，还照顾你的身体安全。没有这种保障，你将无法放手修习深定。

然而正念就没有这些限制，正念不需要依赖任何特殊的环境或外在条件。它只是单纯的注意，因此可以自由地观察任何出现的事物，欲望、嗔恚或噪声。正念不受任何条件限制，它随时随地都可以存在。此外，正念没有聚焦的固定对象，它观察的是变化。因此，正念有无尽的注意对象，只注意任何通过内心的事物，并且不加以分类。分心与干扰也可以和呼吸一样被当成禅修的对象加以观察。在一个纯粹正念的状态下，你的注意力只会随着心中任何发生的改变而流动："变动，变动，变动。现在这个，现在这个，还有现在这个。"

开发正念不需要咬紧牙关

你不能用强迫的方式开发正念。咬紧牙关的意志力不会带给你任何好处，事实上，那还会阻碍进步。正念无法借由勉强奋斗开发出来，而是借由了解、借由放下，也借由随遇而安才能成长。这并不表示正念会自发地产生，绝非如此，正念的开发仍需要精进与努力。但是这个努力与勉强不同，正念是借由温和的努力而被开发出来。你必须经常提醒自己，于当下维持清楚的觉知。坚持与轻轻接触是它的秘诀，开发正念必须借由温和的方式，把你自己拉回到觉知的状态。

正念也无法使用在任何自私的目的上，它是无私的警觉。在纯粹正念的状态中并没有一个"我"，因此没有自我可以展现私心。相反，是正念让你对自己产生真实的认知。

它让你能退后一步，观看自己的贪欲与嗔恚，然后你可以说："啊哈！原来我就是这个样子。"

在正念的状态中，你看见自己真实的样子。你看见自己自私的行为，看见自己的痛苦，以及你如何创造那个痛苦。你也看见自己如何伤害别人。你突破了平常告诉自己的谎言假象，看见事物的实相，正念带来智慧。

正念并不是要尝试得到什么东西，它就只是看，因此，贪欲与嗔恚皆与它无关。为了达到目标而竞争与奋斗，在这个过程中毫无用处。正念并不瞄准任何东西，它就只是看既存的事物。

正念就是看清事实

正念的功能比禅定更大，它无所不包。禅定是排外的，只安顿在一件事情上，而忽略其他事物。正念则是内括的，它站在焦点后面，用一个焦点看事情，迅速察觉任何发生的改变。如果你把心集中在一块石头上，禅定将只看见石头。正念则退到这个过程后面，觉知这块石头，觉知禅定集中在这块石头上，觉知聚焦的强度，并且当禅定分心时立即觉知注意力的转移。注意到分心已经发生的是正念，也是它将注意力重新拉回到石头上。正念比禅定更难开发，因为它是更深刻的功能。禅定只是把心集中在一起，就像是激光束，有直射内心的能力，而且能照亮所在的部位。不过禅定并不了解它所看见的东西，正念则可以检视自我的机制，并且了解它所看见的东西。正念可以突破痛苦的迷思与不当的机制，让你得到解脱。

要增长正念，就先接受你本来的样子

不过，这里又有另一个矛盾。正念并不对它所看见的东西做出反应，它只是看与了解。正念是耐心的要素，因此，不管看见什么，都应该只是单纯地接受、承认，以及冷静地观察。这并不容易，不过却是必要的。我们是无知的，我们是自私、贪婪与自大的，我们充满欲念而且会说谎，这些都是事实。正念的意思是看清这些事实，并且耐心对待自己，接受我们本来的样子。那违反我们的意愿，我们并不想接受它，我们想要否定它，或改变它，或为它辩护。不过，接受是正念的要素，如果我们想要正念增长，就应该接受正念发现的东西。它可能是无聊、恼怒或恐惧，它也可能是弱点、缺失或过错。不论它是什么，我们就是那个样子，那是实相。

正念单纯地接受一切存在的事物。如果你想增长正念，耐心接受是唯一的途径。增长正念只有一个方式：借由持续地练习正念，借由单纯地尝试保持正念，换言之，就是要有耐心。这个过程既不能勉强，也不能匆忙，它有自己的节奏。

禅定与正念在禅修的任务上携手并进。正念是营运的经理，它能引导禅定的力量。禅定提供力量，正念则利用它们穿透内心深层，两者的合作形成洞见与了解，人们应该以平衡的态度将之同步开发。只是正念应该多受到一点重视才对，因为它是禅修的中心。解脱不一定需要最深层的禅定，觉知和定力的平衡才是最重要的。如果有太多觉知而缺少定力加以平衡，结果就很像滥用迷幻药之后，处于过度敏感的狂乱状态；如果定力太多而缺少适度的觉知加以平衡，则会形成“石佛”的症状，你平静地坐在那里，就像一块石头一样。这两种情况都应该避免。

开始禅修时，每个人都会有一颗“猴子心”

心灵开发的最初阶段是特别敏锐的，在这个时候过于强调正念将会阻碍禅定的发展。刚开始禅修时，你注意到的第一件事是：心竟然如此活跃。上座部传统称这种现象为“猴子心”，西藏佛教传统则把它比喻为思维的瀑流。如果你在这个时候强调觉知的功能，则要觉知的事太多，当然不可能入定。不要灰心，这个问题每个人都会碰到。这儿有一个简单的解决办法，即在刚开始时，先把努力的重心集中在一点上，只要不断把注意力从游荡中拉回，百折不挠（第七章与第八章对此有完整的教导）。照这样做几个月之后，你将会培养出定力来，接着就可以把重心移到正念上。不过，要注意，修禅定可不要修到发现自己正逐渐进入恍惚的状态。

定力怎么练？

禅定与正念这两者之中，后者还是比较重要。一旦内心安定到足以开发正念时，就应该立即进行。正念提供后续深层禅定发展所需的基础，多数失衡的状况都会及时自行修正。正定在强大正念觉醒时自然发展出来，你愈发展注意的要素，就会愈快注意到分心，也将愈快从中抽离，回到正式的专注对象上，结果自然造成定力提升。此外，当禅定发展时，也将会促进正念的发展。你的定力愈高，就愈不可能陷入持续的分心中。你只是注意那个分心，然后就把注意力拉回到禅修的对象上。

这两个要素会自然地平衡，并且相互提携。在这里，你唯一需要遵循的原则是：开始时先努力修习禅定，直到猴子心的现象平静下来，之后就把重心放在正念上。如果你发现自己的心很纷乱，就强调禅定；如果你发现自己陷入恍惚，就强调正念。总的来说，正念应该被强调多一点。

正念在禅修中引导你的发展，因为正念拥有自觉的能力。正念会带给你禅修的远景，并且让你知道你做得如何。不过不要太担心那点，这不是一场竞赛，你不是在和任何人竞争，那里没有任何时间表。

正念难学之处，其中之一在于它并不依靠任何感情或心理状态。我们对禅修有些刻板印象，认为禅修是一些行动缓慢的隐士在僻静的洞穴里所做的事。那些是训练的情况，是为了培养定力与学习正念的技巧。一旦你学会那个技巧，就可以免除这些训练的限制，而事实上你也应该这么做。你不需要像蜗牛一样缓慢移动才能有正念，你甚至不需要平静。你可以在解决高深的微积分问题时保持正念，也可以在足球比赛中保持正念，你甚至可以在激愤中保持正念。心理与身体的活动不会对正念构成障碍，如果你发现你的心非常活跃，那么只要观察那个活动的本质与程度即可，那也只是内在无常表演的一部分而已。

第十五章

日常生活中的禅修

在日常活动中若能达到正念正知，你就能够维持理性与平静，不会陷入习惯性的心灵死角。

每一位音乐家都会练音阶。当你刚开始学习弹琴时，那是你要学的第一件事，而且你永远都不会停止玩音阶。世上最好的钢琴家照样要练音阶，那是一种基本技巧，不容许被荒废。

每一位棒球选手都要练习打击，那是你在少年棒球队所学的第一件事。每一次世界锦标赛都从练习打击开始，基本技巧应该一直保持良好。

坐禅不是游戏，而是练习

坐禅是禅修者练习自身基础技巧的舞台。禅修者所玩的游戏是他自己的生命经验，而所使用的器具则是他的感官。即使最有经验的禅修者仍然持续练习坐禅，借此调整并磨炼他玩特殊游戏时所需要的基本心理技巧。不过，我们永远不应该忘记，坐禅本身并非游戏，它只是练习。要运用那些基本技巧的游戏是那个人其他的经验世界。如果禅修无法被运用在日常生活中，那么它就是既贫乏又受限了。

内观禅修的目的不外乎彻底扭转你的整个感觉与认知的经验，亦即革新你的整个生命经验。坐禅的那些阶段是为了培养新的心理习惯，你学习接受与了解感觉的新方式，并且开展对待意识思维的新方法以及处理新感情的模式。这些新的心理习惯应该被带入你日后的生活中，否则禅修将会是枯燥且毫无益处的，只是理论的话，就无法和其余事物联结。为了联结两者而做一些努力是必要的，某种程度的移转会自然发生。不过那个过程是缓慢且不可信赖的，你很容易产生自己一事无成的感觉，而且还认为那个过程没有报酬而决定放弃它。

练习当个局外人

在你的禅修生涯中，最难忘的事件之一，就是当你第一次了解到自己正在最平常的活动中修禅。你正从高速公路开车下来，或者正要去倒垃圾，它自己就启动了。这个未经计划的技巧流露是真实的喜悦，那个技巧是我们以往一直细心培养的。它为你开启了一扇小小的未来之窗，你对于修行的意义有了惊鸿一瞥。那个可能性震撼着你，这个意识的转变是可能成为经验的常态。你了解到，在接下来的生命中，你可以旁观烦恼的扰攘喧嚣，不必再受到渴求与贪欲的疯狂追逐。你浅尝法味，站在一旁观看一切流逝而过，那是个奇妙的时刻。

不过，那个洞见并不足够，除非你积极寻求促进那个移转的过程。禅修中最重要的时刻，是你离开坐垫的那一瞬间。结束禅坐后，你可以起身将一切抛在脑后，或者你可以把那些技巧带进日常生活的其他活动中。

任何时候都可以修禅

了解禅修是什么对你来说很重要，它不是特殊的姿势，也不只是一套心灵体操。禅修是对正念的开发，以及对于所开发出来的正念加以运用。你不一定要坐着修禅，你可以在洗盘子的时候修禅，也可以在洗澡、溜冰或写信时修禅。禅修就是觉知，它必须被运用在所有的生命活动中，这并不容易。

我们喜欢透过在静处坐禅来开发觉性，因为那是最容易实践的情况。在行动中，修禅比较困难；在快速嘈杂的活动中，修禅更难；在强烈以自我为中心的活动，例如恋爱或争辩中，修禅是最困难的挑战。初学者几乎只能从事最没有压力的活动。不过，修行的最高目标是：达到坚强的禅定与觉知层次，即使面对现代社会的生活压力，仍然可以屹立不动。生活有许多挑战，认真的禅修者永远不会厌烦。

把禅修带进你的日常生活中不是一个简单的过程，试过你就会了解了。从结束禅坐到展开“真实生活”之间的过程是一次三级跳，对多数人而言，这个距离太长了。我们发现平静与专注在几分钟内就消失殆尽，很快就又回到禅修前的状态。为了跨越这道鸿沟，数百年来佛教徒已经设计出一系列的练习方法，以便顺利促成转移。他们把那个跳跃分解成几个小步，每一步都能单独练习。

禅修，未必要坐着不动

我们的日常生活中充满各种动作与活动，几个小时端坐不动与平常的经验是相互违背的。我们在绝对不动时所培养的清明与平静，在开始移动时很容易就消失了。我们需要一些过渡的练习，以便让自己在动作中保持平静与觉知。行禅帮助我们从静止状态转移到日常生活。它是动中禅，经常与坐禅交替使用。行禅在你非常不安的时候尤其好用，一个小时的行禅经常能帮助你化解不安的能量，并且还带来可观的清明，让你可以在接下来的坐禅中得到更大的利益。

标准的佛教修行建议你要经常闭关，以弥补平时坐禅的不足。闭关是用较长的时间专心投入修禅。一两天的闭关比较常见于在家人，至于寺院里一些经验丰富的禅修者闭关一次可能就要好几个月，除了禅修什么事也不做。这样的修行是严峻的，对于身心的要求都很高。除非你已经有好几年的经验，否则不适合这么做，因为得不到什么好处。扎扎实实坐十个小时，会令多数初学者痛苦不堪，痛苦的程度将超过他们的定力。因此，一个有效的闭关应该穿插姿势的变换与移动，通常的形态是一段坐禅就安插一段行禅，各进行一个小时，中间短暂休息一下也很常见。

行禅需要一个隐蔽的场所以及足够的空间，要有五至十步的直线距离。你缓慢地来回走动，在多数西方人看来，这是奇怪而且与日常生活脱节的举动。这不是你想在前院草坪进行的练习，那只会引来不必要的注意。因此，选择一个隐蔽的地点。

关于身体的指导，很简单，挑选一个没有障碍的地方，从某一端开始，以警觉的姿态站立一分钟。手臂自然下垂，置于前方、后方或两侧。接着，在吸气时，提起一只脚的脚后跟，呼气时，以脚趾点地。再一次吸气时，抬起那只脚向前，呼气时，放下脚接触地面。另一只脚也重复这个动作。然后，慢慢走到另一端，站立一分钟，接着慢慢转弯，在走回来之前，再站立一分钟，然后重复这整个过程。

练习自然地行走，别管好不好看

保持你的头部抬正，颈部放松。张开眼睛以维持平衡，不过不要注视任何特别的东西。自然地行走，保持最慢的舒适步伐，不要注意你周围的环境。小心别让身体紧张，发现僵硬之后立即放松。不要为了优雅而做特别的尝试，不要试着让自己好看。这不是体育练习或舞蹈，而是对觉知的练习。你的目标是达到完全警觉、高度敏感，以及完整且毫无阻碍的走路经验。把你的注意力全部放在脚部与腿部传来的感觉上，试着尽可能记住每一只脚移动时的信息。全心投入纯粹走路的感觉，注意动作之间的每一个微细差别。每一块肌肉移动时，注意它个别的感觉。当脚触地与抬起时，感受每一个微小的触感变化。

分解动作，开始！

注意这些看似平顺的动作，其实是由一连串复杂的小晃动所组成的，试着不要遗漏任何细节。为了提升你的敏感度，可以把动作拆解成几个不同的部分。每一只脚都要经过抬高、悬空与踩踏的阶段，而每一个部分也都有初、中、后之分。为了让自己习惯这一连串动作的频率，你可以从每一阶段明确的心理记录开始。

做一做类似“抬高、悬空、放下、触地、踩踏”等的心理记录。这是为了让你熟悉动作顺序，并且不会遗漏任何细节的训练步骤。当你愈来愈觉知正在进行的各种微细事件时，就愈没有时间去理会文字。你将发现自己沉浸在不断流动的动作觉知上。脚将成为你的全部世界，如果你的心跑开，像平常一样注意那个分心，再把注意力拉回到走路上。当你在做这些事时，不要看你的脚，也不要想象双腿来回走动的心理画面。不要思考，只要感觉。你不需要腿的概念与画面，只要记下它们流过的感觉即可。开始时，你可能会有一些平衡上的困难。你正在以一种新的方式使用腿部肌肉，就学习的阶段而言，那是很自然的。如果挫折生起，只要注意它，再让它离开。

内观的走路技巧，是设计让你的意识充满单纯的觉知，彻底地做，其他事物都被排除在外。它没有思维的空间，自然也没有感情的空间。它没有时间执着，也没有时间把行动化为系列的概念。它没有自我的感觉，只有触感与动感的伸展。我们在这里学习走进真实的世界，而非远离它。我们此处获得的任何洞见，都可以被直接用在其他的生活经验上。

对姿势保持觉知，但不评断

我们修行的目标，是在连续而实时的流动中，完全觉知经验的一切面向。我们多数的行动与经验，都是毫无意识的，以一种很少注意或不注意的感觉来进行。我们的心停留在其他事情上面。我们将大部分时间花在机械式的反应上，迷失在白日梦与成见的迷雾中。

最常被忽略的存在面向之一，是我们的身体。我们脑袋里色彩鲜明的连环漫画是如此诱人，因此注意力很容易从动感与触感中移开。身体的信息每一秒钟都流入我们的神经与脑袋，但是大部分都被封锁在意识之外。它流进心的底层后，就无法再进一步了。佛教徒已经开发出一种方法来打开水闸门，让它能流进意识里。这是另一个让无意识变成意识的方法。

你的身体在一天之中经历各种姿势：或坐或站，或走或躺，或者弯腰、跑步和爬行。禅师们要求你对这个持续进行的舞动保持觉知。在生活里，每隔几分钟就花个几秒钟检查你的姿势。不要以一种批判的方式去做它，这不是矫正姿势或改善外观的练习。用注意力扫视全身，去感觉你是如何持有它。默默记下“走”、“坐”、“躺”或者“站”。听起来似乎很简单，不过不要轻视这个步骤，这是一种强而有力的练习。如果你做得够彻底，如果你注入这个心理习惯够深，它就会彻底革新你的经验，把你带到一个全新的感觉领域，那个感觉就像盲人重见光明一样。

放慢动作，可以提升正念

你所做的每一项活动都由不同的成分所组成，像绑鞋带这么简单的动作，就是由许多微细动作构成的复杂行为，然而，这些细节多半没有被注意到。为了提升正念，你可以放慢速度，做简单的活动，例如在动作的细微差别上努力集中注意力。

坐在吧台上喝一杯茶就是一个例子，从这件事中，你就可以学到很多。你的姿势是坐着，感觉杯子握在手中，闻茶的香气，注意杯子、茶、你的手臂与桌子的摆放。注意举起手臂的心理动机，当它举起来时感觉你的手臂，感觉杯子触碰嘴唇以及液体流进嘴里的那些时刻。品味茶，接着注意放下手臂的心理动机。如果你完全参与其中，以不执着的态度去注意每一个感受、思维与情感的流动，那么这整个过程将会引人入胜而且十分美好。

同样的方法也可以运用在你许多的举止中。刻意放慢你的思维、语言以及动作的速度，让你能比以往更深入其中，你将发现那里充满惊奇。一开始要在平常的活动中保持这种从容不迫的慢速度很困难，不过技巧会随着练习而进步。深奥的觉悟在坐禅时会发生，不过当我们真的在日常生活中检视自身的动作时，深奥的启示也会产生。当我们真的放慢速度时，感情机制与激情活动都将无所遁形，你可以清楚地观察它们，就像在实验室里一样。在这里，我们可以衡量思想的可信度，并且了解真实动机与自欺欺人的伪装之间的差异。

你将会发现这个信息有很多令人惊异之处，虽然有些会造成干扰，不过它们都是有用的。毫无遮蔽的注意力为内心凌乱的小角落带来秩序，在日常活动中若能达到正念正知，你就能够维持理性与平静，不会陷入习惯性的心灵死角。你开始了解你对自己内心痛苦所应负的责任，了解所有的苦难、恐惧与压力都是你自找的，了解你如何造成痛苦、缺点与限制。愈深入了解这些心理过程，它们就愈无法控制你。

随时随地注意呼吸

坐禅时，主要的焦点是呼吸。完全专注在不断变化的呼吸上，能够让我们活在当下。同样的原则也适用于活动中，你可以在从事活动时注意呼吸，这会为你的动作带来流畅的韵律，减缓许多唐突的变化。不只让你更容易将焦点放在行动上，正念也会增长，你的觉知也将因此更容易停留在当下。原则上，禅修应该是一天二十四小时都在练习的，这是一个非常实际的建议。

正念的状态是一个做好心理准备的状态。心没有背负成见，或陷在忧虑中。当你真的保持正念时，神经系统便具有产生智能的朝气与弹性。一个问题生起，你只是单纯地处理它，快速而有效率，不会慌乱。你不会站在那里手足无措，也不会躲到安静的角落去，以便能坐下来对它禅修。你只是处理它，在少数看似无解的情况下，你也不会担心。你只是进入下一件需要你注意的事，你的直观能力变成一种非常实际的技能。

把握每一段零碎的时间保持正念

浪费时间的概念对一个认真的禅修者而言根本不存在。一天之中的许多空当也能转成有益的，所有零碎的时间都可以拿来禅修。焦虑地坐在牙医办公室时，就针对焦虑禅修；在银行排队感到烦躁时，就针对烦躁禅修；在公交车站等车无聊地玩弄拇指时，就针对无聊禅修。试着一整天都保持警醒与觉知，注意当下正在发生的事，即使它单调沉闷也一样。善用独处的时间，以及缺乏独创性的活动。把握每一段零碎的时间保持正念，善用一切你能使用的时间。

专注于一切活动

一天里的每一个活动与想法，从醒来的第一个念头到就寝前的最后一个想法，你都应该尽量保持正念。这是一个非常高远的目标，不要期待一蹴而就。慢慢来，让你的能力与日俱增。最可行的方法是把一天分成几段，把一些时间放在姿势的正念上，再把这个正念延伸到其他简单的活动，例如吃饭、洗涤与穿衣上。有时候在一天当中，可以抽出十五分钟左右，练习观察几种特定的心理状态，例如喜欢、讨厌、不喜欢也不讨厌的感觉，或者五盖与其他的思维。由你来设定具体的程序，重点是练习认出各个项目，并且尽量在一天里都完全保持正念。

试着养成一种生活习惯，让坐禅与其他经验的差别降到最小，让它们彼此自然交融。你的身体永远无法静止，因此，总是可以观察到动作，或者至少还会有呼吸。你的心永远不会停止唠叨，除非在最深层的禅定中，否则总会有东西可以观察。如果你认真运用你的禅修，就永远不乏值得注意的事物。

将禅修应用在生活之中

你的禅修应该被应用在日常生活中。生活中的禅修，是你的心灵实验室，它给你提供磨炼与挑战，使你的修行更深入而真实。它是净化诡计之火，是测试境界的试纸，它让你了解当下的情况与你所在的位置。如果你的禅修无法帮助你处理每天的冲突与难题，那么它就是狭隘的。如果你每天的情绪反应没有变得更清楚与容易掌控，那么你就是在浪费时间。你永远不知道你做得如何，要实际测试过之后才知道。

正念的修行是一种普遍的修行，你不应该在做过之后就把它抛到一旁。你随时都在做它，象牙塔里的禅修是不够的，仍然有待进一步开发。内观禅修是正念相续的练习，禅修者学习对心中一切现象的出现、发展与衰败保持正念正知。对所有思维与感情、活动与欲望的整个演出，既不逃避，也不改变，只是持续注意它，无论它是可爱、讨厌、美好或可耻的，都无所谓。禅修者看着它本来的样子，以及它改变的样子。没有任何经验的层面被排除在外，它是一个相当彻底的过程。

如果你在日常活动中发现自己处于一种无聊的状态，那就针对你的无聊禅修，找出它是什么感觉，怎么样运作，以及它由什么所组成。如果你在气头上，就针对你的怒气禅修，发现怒气的机制，不要闪躲。当你发现自己陷入沮丧的深渊时，针对沮丧禅修，以一种客观与好奇的方式去研究沮丧，不要盲目地逃避它，找出迷宫，并记下它的路线，如此一来，当下一次沮丧出现时，你就能处理得更好。

每一秒钟都敞开内心

透过生命的起伏来进行禅修，这是内观的要点。这种练习很严峻，也很吃力，不过它会形成一种无与伦比的心理韧度。禅修者每一秒钟都保持内心开放，他一直在研究生活，检视他自己的经验，以一种客观与好奇的方式看待生命。因此，他一直不拘泥于形式、对象与时间，而是对实相开放。这是解脱所需要的心态。

如果一个人的心保持在一种做好禅修准备的状态，他就可以在任何时刻达到觉悟。最微细与最平常的认知都可能成为引爆点：月景、鸟叫或者树林里的风声。认知到什么，不如注意那个认知重要，准备好开放的心态才是重点。如果你准备好，它马上就可能发生。你手指碰到这本书产生的触感可能就是线索，这些文字在你脑中的声音可能也已经足够。如果你准备好了，现在就可以达到觉悟。

第十六章

它带给你什么？

呼吸变成一个活泼与变化的过程，是活跃而迷人的事。

你可以期待从禅修中获得某些帮助。最初是实际的事物，以后的阶段则更深奥，是超越实际功能的。它们从简单到深奥都有。我们在这里会提出一些，你自己的运作会告诉你事实，只有你自己的经验才算数。

那些我们称为“五盖”或“烦恼”的事，是令人讨厌的心理习惯而已，它们是自我过程本身的示现。自我感本身基本上是一种疏离的感觉，介于“我”和“他”之间的认知距离。这个认知只有在它经常被运作时才会发生，而那个运作则是由五盖所构成的。

正念好比是反射动作

贪心与欲望试图为我“得到一些东西”，嗔恨与厌恶则试图拉开“我与他”的距离。一切烦恼都由自他之间的认知障碍而产生，每一次它们开始运作时，就会加深这个认知。正念深入且非常清楚地觉知事物，能把注意力带到烦恼的根部，让它们的机制暴露出来。正念了解它们对我们造成的后果与影响。正念不会被愚弄，一旦你看清楚贪心的真面目，以及它对你和其他人做了什么，你自然就不会再执着于它。当一个小孩被热炉子烫到手时，你不用告诉他要把手缩回去，他自然会去做，而且是不假思索的。神经系统会自动做出反射动作，反应的速度比思考还快。当孩子感知到烫并开始哭的时候，手已经快速抽离疼痛的源头。正念运作的方式与此类似：它是无言、自发与高效率的。清晰的正念遏止了五盖的成长，持续的正念则会将它们熄灭。因此，当真实的正念被建立起来时，自我的墙就会瓦解。渴爱减少了，防御与固执也减少了，你变得更开放，更能接受，也更有弹性。你学会了与他人分享你的慈心。

正念去除你的五盖，让生命鲜活起来

在传统上，佛教徒不太愿意谈人的真实本性，而那些愿意谈论的人通常都说，我们的真实本性或佛性是清净、神圣与本善的。人之所以会迷失，是因为他们真心的经验被障蔽了，就像水坝里的水被堵住了一样。五盖就是那个水坝上的砖块，当正念分解砖块时，水坝就出现了破洞，慈悲与同情的喜悦就汩汩流出。当禅修的正念发展出来时，你的整个生活经验都会改变。你的经验变得鲜活起来，意识的感觉也变得清晰而明确，不再只是作为不知不觉的成见背景，它成为持续被认知的事。

每一个消逝的时刻都独立而鲜明，这些时刻不再被含混地漠视。没有东西是被掩盖起来或者视为理所当然的，没有经验被贴上“普通”的标签。每件事看起来都明亮而特别，你不再把经验分门别类放进心灵鸽巢里。描述与诠释都被摆在一边，每一个时刻都被允许替它自己发言。你实际聆听它到底说些什么，就像是第一次听见它一样。当你的禅修变得真实而有力时，它也会变得更持久。你持续以正念正知观察呼吸与每一个心理现象，你感到愈来愈稳定，心愈来愈牢固地停留在完全而单纯的当下经验上。

正念让你不受限

一旦你的心不再受到思维的限制，就会变得比较清醒，依止在一个最单纯的觉知上。这个觉知无法被充分描述，言语难以形容，只能去体会。呼吸不再只是呼吸，也不再受限于你过去所持有的静止与熟悉的概念。你不再只是将它视为连续的吸气与呼气——一个不重要的单调的经验。呼吸变成一个活泼与变化的过程，是活跃而迷人的事。它不再是发生在时间上的事，而被认为是当下的时刻本身。时间被认为是一种概念，而非被经验到的事实。

这是一种简化与初步的觉知，去除一切无关的细节。它建立在当下活泼流动的基础上，以显著的实相感觉为其特色。你完全了解这是真实的，你有一个新的优势据点，一个衡量你一切经验的新标准。在这个认知之后，你清楚地了解那些觉醒的时刻以及那些迷惘的时刻。你看见自己正在以判断、印象与个人意见扭曲实相。你了解自己正在做什么，以及何时在做它。对于遗失实相的方式，你愈来愈敏感，并被吸引向简单客观的观点：既不增添，也不删减。你变成一个非常敏锐的人。从这个优势据点向外看，一切都看得一清二楚。身与心的无数活动发出闪耀的光芒，你以正念观察呼吸持续不断的起伏，你看到一个无尽的身体感受与运动之流，并且感觉到时间稳定前进的节奏。在这一切不停的运动之中，没有观看的人，只有观看本身存在。

面对生命无常，我们以喜悦代替悲伤

在这个认知的状态下，没有一样事物可以在两个相续的时刻保持相同。每一件看到的事都在持续转变。所有事物都脱离不了出生、变老与死亡，无一例外。你觉知到自己的生命不停地在变化，你环顾四周，看见一切事物都在流动。它一直在生起与落下、增强与减弱、出生与消逝。生命里的一切，从小到微细，再到大到太平洋，每一部分都在持续地变动。你察觉到这个世间就像一条流动的经验大河。你最钟爱的财物在流逝，你的生命也是一样，但是没有理由要为这个无常感到悲伤。你站在那里愣住了，瞧着这不停奔流的活动，你的反应是一种惊奇的喜悦。一切都在腾移、舞动，并充满了生命。

一再看见内心的自己

当你持续观察这些改变时，你了解到一切因缘是如何聚在一起的，也察觉到一切心理、感觉与感情之间紧密的联结。你看见一个思维引发另一个，你看见破坏所引起的感情反应以及感觉所引发的更多的思维。活动、思维、感觉与欲望，你看见一切都以一种微妙的因果关系紧密地结合在一起。你看见欢乐的经验生起又落下，也看见它们从来都不持久；你看见痛苦不请自来，也看见自己急着想把它抛开；你看见自己失败。当你静静地站在一旁看着它运作时，一切都在反复地发生。

从这个生活本身的实验中，一个内在与无懈可击的结论自己跳了出来。你看到你的生命标示着失望与挫折，并且清楚地看到其源起何处。这些反应来自你没有能力得到自己想要的东西，又害怕失去已经得到的，以及对于拥有的永远无法感到满足的习惯。这些都不再只是理论性的概念，你已经亲眼看见它们，并且知道它们是真实的。你察觉自己的恐惧，以及面对死亡时的不安。那是一种源自思维根部的深刻压力，让生命变得很难受。你看见自己焦虑地摸索，恐惧地追求坚实与值得信赖的基础。你看见自己无止境地执着于某些东西，任何在这些变动沙层中可以抓得住的事物，然而你觉知到什么也掌握不了，没有东西是不变的。

你看见失落与悲伤的痛苦，也看见自己在平常经验中，日复一日被迫去适应痛苦的发展。你目击日常生活中潜藏的压力与冲突，并且了解你真正关心的许多事物是多么肤浅。你看见痛苦、疾病、衰老与死亡的进展。你惊讶地了解到，这些恐怖的事情根本一点也不可怕，它们只是实相而已。透过对于负面生命的透彻研究，你逐渐熟悉苦，一切存在不圆满的本质。你开始察觉人生各种层次的苦，从最明显的到最微细的。你了解执着与痛苦的因果关系，当你执着于任何事物时，痛苦亦必尾随而至。一旦你完全熟悉欲望的驱动力，就会对它更加敏感。你了解它从哪里生起，何时生起，以及它如何影响着你。你看见它反复操作，透过每一条感官管道表现出来，控制心并让意识成为它的奴隶。

“我”究竟是谁?

在每一次欢乐的经验中，你看见自己生起渴爱与执着；在讨厌的经验中，你看见自己强力的抗拒。然而，你并不防止这些现象，你只是看着它们，了解它们是人类的思维素材。你寻找那个被你称为“我”的东西，结果发现了一个躯体，以及你如何将这副皮囊认同为“我”。进一步找，你发现了各种心理现象，例如感情、思维模式与种种意见，而且也看见你如何将它们认同为“我”。你看见自己多么想拥有、保护以及防卫这些可鄙的事情，也看见了那有多么疯狂。你在各种项目之间热切地搜寻，一直在找寻自己，从物质、感受、感觉与情感等方面下手。当你盯着角落与缝隙眼巴巴地瞧，无止境地追求“我”时，一切都在持续转个不停。

体会生命中的无常、苦与无我……

你找不到任何东西。在这个不断变化的无尽经验之流的心灵集合中，你能找到的只有数不尽的客观过程，而那也是延续前面过程中的因缘而来的。没有固定的自我可以被发现，一切都只是过程。你发现思维，但是没有思维的人；你发现感情与欲望，但是没有执行的人。房子本身是空的，没有人在家。

你的整个自我观点至此彻底改变，你开始看待自己就像报纸上的相片一样。以肉眼看时，看到的相片上有一个明确的形象；但是透过放大镜看时，它却分解成复杂的点状结构。同样，在正念的透视下，自我的感觉，一个“我”或“人”的东西，失去了它的坚硬实体，并且分解开来。你进入内观禅修的关键，存在的三个特征（无常、苦与无我），在概念枯竭时出现在眼前。你清楚地体会到生命的无常、人间苦的本质，以及无我的实相。如此鲜明地经历这些事之后，让你惊觉到渴爱、执着与抗拒的虚假与无益。在这个清明与纯净的关键时刻，我们的意识被转化。自我消失了，只剩下无限相关的无我现象，那是因缘所生而且是无常的。渴爱被熄灭，重担也解除了，只剩下一种轻松的流动，没有抗拒或压力的痕迹。唯有留下寂灭、涅槃和无生[①]的觉悟。

① 无生，又写成“无起”，指诸法（一切现象）的实相没有生起，也没有消失，与“无生灭”或“无生无灭”意思相同。所有存在的一切现象没有实体，是空；既然是空，也就无生灭变化可言。但是世间的凡夫俗子无法了解这个无生的道理，而有了生与灭的烦恼，所以流转生死。如果能依照诸经论，观“无生”的道理，就可以破除生灭的烦恼了。

后　记

慈心的力量

就像太阳光提供一切生命能量一样，慈的温暖与光辉也在一切生命的心里流动。

本书中所讨论的修习正念的方法，如果你把它们拿来使用，绝对可以转化你的每一个经验。在这本新版的后记中，我希望花些时间强调另一个和正念并驾齐驱的重要观点：慈心（metta）。没有慈心，我们修行正念将永远无法突破渴爱，以及坚固的自我感。反过来说，正念也是发展慈心必须有的基础，两者永远携手并进。

自本书问世以来的十年之间，世上发生了许多令人感到不安与恐惧的事。在这种扰攘不安的气氛下，为了我们自己的福祉，开发深切的慈心就显得格外重要，它是未来世界的希望所在。慈心中的利他精神是佛陀强调的修行心要，这在他的教导与生活中处处可见。

让慈悲的种子发芽

我们每一个人生来就有慈悲的能力，不过只有在一颗平静的心中，一颗远离贪、嗔与嫉妒的心中，慈悲的种子才可能发芽；只有在静心的沃土上，慈悲才可能开花。我们一定要培育自己与他人心中的慈悲种子，帮助它们生根与茁壮成长。

我到世界各地传法，所以有很多时间待在机场里。有一天我在伦敦附近的盖特维克机场候机，我有很多时间，对我而言，时间不是问题。事实上，那是令人高兴的事，这表示有更多禅修的机会！我闭上眼，盘腿坐在机场的长椅上，当时身边人来人往，赶着上下班机。在这样的情况下禅修，我对周遭每一个人都充满慈悲的心念，我试着让自己整个人都沉浸在慈悲的光辉中。

我们之间有紧密的联系

在那个忙碌的机场，专注于慈悲的感觉上，我没有在意身边的扰攘。但是很快，我感觉到长椅上有人坐得离我很近，我没有睁开眼睛，只是继续我的禅修：散放慈心。接着，我感觉到两只柔嫩的小手抱住我的脖子，我缓缓睁开眼睛，看到一个大约两岁的漂亮的小女孩。这个小东西，有一双明亮澄澈的蓝眼睛，一头卷曲的金发，正用手臂环抱着我。先前我在观察人潮时，曾经看到过这个可爱的小孩，当时她的手紧抓着母亲的小拇指。显然，这个小女孩放开妈妈的手，跑来我这里。

我看到她的母亲已经追上来，当她看见小女孩抱住我的脖子时，这个母亲请求我："请祝福我的小孩，并让她回来。"我不知道小女孩说什么语言，于是我用英语对她说："回去吧！你妈妈那里有很多亲吻、很多拥抱、很多玩具和糖果，我这里什么也没有，回去吧！"这个小孩还是紧紧抱着我的脖子不肯走。这个母亲再一次双手合十，以柔和的语调请求我："先生，请祝福这个小孩，并让她回到我这儿。"

这时候，机场里其他的人开始注意我们，他们一定以为我认识这个小孩，也许她和我有什么关系。他们当然认为我们之间有一些紧密的联系，否则小女孩怎么会抱着我不放？但是我以前从来没看过这个可爱的小孩，我甚至不知道她讲哪一种语言。我劝她："去吧！你和妈妈还要去搭飞机，你们快迟到了。你妈妈那里有你喜欢的各种玩具与糖果，我什么都没有，去吧！"但是小女孩还是不肯放手，反而抱紧了我。这位母亲很温柔地把她的小手扳开，并请我祝福她。

"你是一个可爱的小女孩，"我说，"你的妈妈很爱你，快去！不然就赶不上飞机了。"

但是这个小女孩还是不肯走，她开始哭个不停。最后，她妈妈小心地把她抱起来，这个小东西便踢腿、尖叫，想要挣脱她母亲的怀抱，重新回到我的身边。但是这次，这位母亲设法将她带上了飞机。我最后看到她时，她仍然在挣扎着，想要重新回到我的身边。

也许是因为我的长袍，让这个小女孩以为我是圣诞老人，或某个神话故事里的人物。不过还有另一种可能，当我坐在长椅上时，我正在修慈心，随着每一次呼吸送出慈悲的心念。也许这个小女孩感受到了，小孩子在这方面是最敏感的，他们的心会接收周遭的任何感觉。当你愤怒时，他们会感受到那些波动；当你充满慈悲时，他们也感受得到。这个小女孩也许是被她所感受到的慈悲的感觉吸引过来。我们之间确实有一个联系，一个慈心的联系。

了解慈、悲、喜、舍的真谛

慈心带来奇迹。我们都有表现慈心的能力，但是可能连我们都不知道自己有这个能力，不过慈的力量就蕴藏在我们每一个人心里。慈是佛陀所说的“四无量心”之一，另外三支分别是悲、喜、舍。这四支彼此相关，不可偏废。

了解它们的方式之一，是设想父母的心态。当一个年轻女人发现自己怀孕时，对肚子里的孩子便充满无尽的爱。为了保护她的小宝宝，她愿意做任何牺牲，尽一切努力让婴儿平安与健康。她对婴儿满怀爱意与希望。这个年轻母亲对孩子无尽的爱就像慈心一样，是不求回报的。

当婴儿长大，开始认识这个世界时，父母亲则同步发展悲心。每一次，小孩不小心刮伤、跌倒，或者是撞到头时，父母亲都会感受到孩子的痛楚。有些父母甚至说当他们的孩子喊疼时，那种感觉就像是他们自己受伤一样。在这种感觉里没有怜悯的成分，怜悯在自他之间是有距离的，悲心则直接引导我们做出反应。这个悲心的直接反应是单纯而衷心地希望孩子停止疼痛，不再受苦。

随着年龄增长，孩子上学了。父母看着年轻人交朋友，在学业、体育运动与其他活动上表现良好，也许孩子在拼字测验、加入棒球队或当选班长等事情上表现突出。父母不会嫉妒或讨厌孩子成功，相反，他们为孩子感到高兴，这是由衷赞赏的喜悦。我们可以将这样的感觉转移到别人身上，即使别人比我们成功，我们也可以赞赏他们的成就，为他们感到由衷欢喜。

多年以后，孩子长大成人了，毕业之后走他自己的路，也许还结婚成家。现在，该是父母亲练习“舍”的时候了。

显然，父母对孩子的感觉绝非冷漠，而是对他们的付出感到释然。父母坦承自己的不足，虽然持续关怀与尊重他们的孩子，不过已经自知他们无法主导孩子的未来，这就是“舍”的练习。

我们禅修的最高目的，就是开发慈、悲、喜、舍这四无量心。

慈心就像太阳一样

“慈”的巴利文是 metta，它源自巴利文 mitra，意思是“朋友”。这就是为什么我喜欢用英文“loving friendliness”这个词来翻译 metta。mitra 在梵文里也有“太阳在太阳系中心辐射，以滋养万物”的意思。就像太阳光提供一切生命能量一样，慈的温暖与光辉也在一切生命的心里流动。

慈心的种子在我们每个人心中

不同的物体用不同的方式传递太阳能量，同样，人们表现慈的能力也不一样。有些人似乎天生就很热心，有些人则比较保守，不愿意敞开心扉。有些人勉强地开发慈心，有些人则能毫不费力地开发它。不过，无论如何，没有一个人完全没有慈心，我们生来就有慈的本能，我们可以从婴儿看到任何一个人的脸时都会自然地微笑看出来。可惜，许多人对于他们拥有多少慈心毫无概念。他们固有的慈悲能力，可能被此生所累积的嗔恨与厌恶所掩盖，而表现出恶念与恶行。但是无论如何所有人都可以开发我们的心，可以努力滋养慈的种子，直到慈的力量绽放为止。

在佛陀的那个时代里，有一个名为央掘摩罗（Aṅgulimāla，意译为指鬘）的人，用现代的话来说这个人就是“杀人魔王”。他邪恶到将人杀死后，还砍下他们的手指做成项链，并计划以佛陀作为他的第一千名受害者。尽管央掘摩罗臭名昭著、凶狠无比，佛陀却仍能看出他的慈心。就这样，出于慈悲——也就是慈心，佛陀教导这个凶手修佛法。在佛陀的开导下，央掘摩罗放下杀人的剑，臣服于佛陀，并且剃度出家，成为佛陀的弟子。

后来大家才知道，央掘摩罗是在他所尊敬的老师怂恿之下（出自这名老师个人邪恶的动机），才犯下如此恶行。央掘摩罗不是生来就如此残暴，他也不是一个邪恶的人。事实上，他曾经是个善良的小孩，他的心中也有慈爱、和善与悲悯。在他跟随佛陀出家之后，他那个善良的本性就显露出来，不久之后，他就觉悟了。

央掘摩罗的故事告诉我们，有时候一个人看起来十分残酷和邪恶，不过我们应该了解他们不是天生如此，或许是他们的生活环境与背景让他们做出邪恶的行为。在央掘摩罗的例子中，他是因为信赖老师而杀人。对我们每一个人来说，不只是粗暴的罪行，每一件事都有着数不清的因缘条件——善与恶都有。

除了前面第九章提过的修慈方法之外，我这里再提供另一个修慈方法。你从消除自怨与自责的想法开始。禅修的时候，你对自己说下面的话，并且再一次用心去感受：

> 愿我充满慈、悲、喜、舍的心念。愿我和善，愿我放松，愿我喜悦与平静。愿我健康，愿我的心变得柔软，愿我的话语让人欢喜，愿我的行为亲切。
>
> 愿一切我见到、听到、嗅到、尝到与触到的事物，帮助我发展慈、悲、喜、舍。愿这些经验都能帮助我开发布施与和善之心。愿它们帮助我放松，愿它们激发出友善的行为，愿这些经验成为平静与快乐的源头。愿它们帮助我解脱恐惧、紧张、焦虑、担忧与不安。
>
> 无论到世界任何地方，愿我以快乐、平静与友善之心待人。愿我在各方面都得到庇护，免于受到贪心、愤怒、厌恶、仇恨、嫉妒与恐惧的压迫。

当我们开发出自己的慈心时，就能推知别人也有这种亲切和善的本质，无论它们隐藏得多深。有时候我们必须挖深一点才能发现，其他时候，它们都是很接近表面。

看穿假象

佛陀讲过一个故事。一个比丘发现路上有一块肮脏的布，那块破布很恶心，起初这个比丘根本不想碰它，他用脚踢踢那块布，以便踢掉上面的尘土。接着，他用两根手指头，以憎恶的态度小心地把布夹起来，并鄙夷地让它离自己远一点。这时，他瞥见那块破布潜在的一面，于是他把布拿回家反复清洗。最后，隐藏在秽物与泥沙之下的那块布显露出来，成为一块有用的布料。这个比丘想到，如果再多搜集一点，也许就能把这块破布做成一件衣服。

同样，一个人可能因为言语低俗而遭到鄙视，他慈悲的潜力因此而被忽略。不过这正是精进修行的好机会，在这个人粗鄙的外表下，你可能会发现温暖而明亮的珍宝，那才是这个人真实的本质。

忽略他表面的缺点，就能发现他内在的善心

有时候，一个人可能一边对别人说严厉的话，一边却仍会表现出慈悲心。如果不管他说的话，他的行为可能是善的。佛陀将这种人比喻为“被苔藓覆盖的池塘”。为了使用那些水，你必须先清除苔藓。同样，我们有时候也必须先忽略那个人表面的缺点，去发现他内在的善心。

但是，如果一个人的行为和他的话一样恶劣呢？如果他坏到骨子里去呢？即使像这样的人也有一颗纯净的心。想象你走过一片沙漠，没有带水，四周也都没有水。你又热又累，每走一步就更觉得口渴，你渴望水。接着你偶然看到牛的足印，凹陷的足印里有水，但是并不多，因为足印并不太深。如果你试图用手舀水，它会变得很混浊。你

是如此口渴，因此你跪在地上，弯下身体，慢慢把嘴巴凑向水边吸吮，很缓慢，这样才不会变成泥水。虽然四周都是泥沙，但是那些水仍然是干净的，可以解渴。以同样的努力，我们也可以在一个似乎毫无惭愧心的人身上看见一颗善心。

我最常去的禅修中心，位于西弗吉尼亚郊区的山上。当中心初次使用时，在这条路上有一个人很不友善。我每天都要走很长的路，每一次看见这个人时，我都会向他挥手。他只是皱皱眉头，然后就把脸转开。即使如此，我还是向他挥手，善意地理解他，并向他传送慈心。我并没有被他的态度影响，也从来没有放弃过他。每一次看见他，我就挥手。大约过了一年，他的行为改变了，他不再皱眉。我觉得太棒了，修习慈心已经初步见到成效。

他对我举起一根手指

过了一年，当我路过此地时，奇妙的事情发生了，他从方向盘上举起一根手指。我想："噢！这真是太棒了！慈心动了。"又过了一年，日复一日，我都向他挥手并祝福他。第三年，他朝我举起两根手指。第四年，他从方向盘上举起四根手指。又过了一段时间，在我下山时，他正好开车上来，他把整只手从方向盘上移开，伸出窗外向我挥手回敬。

在那不久之后的某一天，我看到这个人把车停在山路边，坐在驾驶座上抽烟。我走过去，然后我们开始交谈。一开始，只是闲聊天气如何，然后慢慢地，他的故事展开了。好几年前，他遭遇一次严重的意外事故，一棵树倒下来压住他的卡车，他身上的每一根骨头几乎都断了，并且昏迷了好一阵子。当我第一次看到他时，他正在康复。他并非吝于向我挥手回敬，而是因为手指完全动弹不得！如果我当时放弃他，我就永远无法知道这个人有多好。有一次，我外出旅行时，他到中心来找我。他有点担心，因为有一阵子他没有看到我在路上走。现在我们是朋友。

先对自己修慈

佛陀说："我用心观察这个世间，还没有看过爱他人超过爱自己的人，因此一个爱自己的人应该修这个慈心。"一开始你自己先修慈，心存与人分享善念的想法。培养这种感觉，对你自己充满仁慈，接受你自己真实的样子。与你的缺失和平共处，包容你的弱点，善待并宽恕当下的自己。如果求好心切的想法出现，放下它们。为这些善意与仁慈的感觉建立坚实的基础。让慈爱的力量浸透你的身心，在它的温暖与光明中放松自己。把这个感觉传递给你所爱的人，以及不熟或不认识的人，乃至你的敌人。

> 让我们每一个人都想象自己的心没有贪欲、嗔恚、厌恶、嫉妒与恐惧。让慈爱的心念拥抱我们，

包围我们。让每一个细胞、每一滴血、每一个原子，以及整体身心的每一个元素都充满慈爱。让我们放松自己的身体，让我们放松自己的心，让我们的身心都充满慈爱。让慈爱的祥和与平静遍布我们的生命。

愿十方一切众生，都有善心。愿他们快乐，愿他们都有好运，愿他们都仁慈，愿他们都有善良与体贴的朋友。愿十方一切众生都充满慈爱的感觉，丰足、欣喜。愿他们都没有敌人，远离苦恼与焦虑。愿他们快乐地生活。

就像我们借由走路、跑步或游泳来锻炼身体一样，经常修慈也能强化我们的心。起初你似乎只是照本宣科，但是反复练习与熟悉之后，它会变成一种习惯——一种好习惯。一段时间之后，你的心变强大了，慈爱的反应也变成自发性的。当我们的心变强大时，即使碰到难相处的人，心中也可以生起和善与仁慈的心念。

愿我的敌人幸福、快乐与平安。愿他们不会遭受伤害、困难与痛苦。愿他们都能成功。

“成功？”有些人会问，“我们怎么可能希望敌人成功？如果他们想杀死我们呢？”当我们希望敌人成功时，不是指追逐名利的成功，也不是指伤风败俗与不道德的成功，而是指精神领域的成功。我们的敌人显然在精神上是不成功的，否则，他们就不会做出伤害我们的行为来了。

想象你的敌人正被恶疾缠身

我们对我们的敌人说“愿你们成功”，我们的意思是：“愿我的敌人都没有愤怒、贪欲与嫉妒，愿他们平安、幸福与快乐。”为什么人会残忍或刻薄？也许那个人是在不幸的环境下长大的，或者也许那个人有隐情，才造成他或她行为残酷。佛陀要求我们把他们想象成被恶疾缠身的人，我们会对生病的人生气或沮丧吗？或者我们会同情与悲悯他们？我们的敌人也许比我们所爱的人更需要我们的慈心，因为他们的痛苦相对而言要大得多。因为这些原因，我们应该毫无保留地对他们持亲切的态度，应该像对待最心爱的人一样把他们放在心中。

> 愿所有过去伤害我的人都没有贪欲、嗔恚、厌恶、憎恨、嫉妒与恐惧。让慈爱的心念拥抱他们，包围他们。让每一个细胞、每一滴血、每一个原子，以及整体身心的每一个元素都充满慈爱。愿他们放松他们的身体，愿他们放松他们的心，愿他们的身心都充满慈爱，让慈爱的祥和与平静遍布他们的生命。

修慈可以改变负面的思考习惯

修慈可以改变负面的思考习惯，增加正面的思维。当我们修慈时，我们的心会充满平安与快乐；我们会放松，并进入禅定。当我们的心平静与祥和时，憎恨、愤怒与反感才会消失。不过，慈不只局限在我们的思维里，我们还应该在说话与行动中把它表现出来，我们不可能在与世隔绝的情况下修习慈心。

你可以从思维每天接触每一个人的念头开始。如果你持有正念，就可以在每一个与人接触的清醒时刻完成修慈。每一次你看到某人时，就设身处地地想，那个人和你一样希望离苦得乐。我们都是那样感觉的，一切生命的感觉都一样，即使是最小的昆虫也害怕受到伤害。当我们接受这个基本信念时，就会了解彼此之间如何紧密地联系在一起。不管是那个在柜台后面的女人，在高速公路上开车经过你的男人，还是走在街道上的年轻情侣，以及在公园里喂鱼的老人，都是紧密相连的。每一次你看到任何一个人时，都要把这点谨记在心。希望他们都能快乐、平安与幸福。这是个会改变你的生命以及其他人的生命的修行方式。

刚开始修行时，你可能会感到有阻力，也许修得很勉强，或者觉得无法生起那些想法。因为你自己的生活经验使你比较容易对一些人慈爱，而对另外一些人则比较困难，例如我们很容易对小孩生起慈爱的感觉，对其他人就比较难。注意内心的习惯，学习认出负面的情感，然后设法对治它们。借由正念，你可以慢慢改变你的反应。

对别人传送慈心真的可以改变那个人吗？修慈可以改变这个世界吗？当你给远方的人传送慈心，甚至陌生人时，你当然无法得知效果如何。但是你可以注意修慈对你内心的影响，关键在于你祝福他人的诚意。事实上，效果是立竿见影的。发现它的唯一方法就是你亲自去尝试。

严厉对待，是出于对他们的爱

修慈并非意味着我们就此不理会别人不好的行为，它只表示我们应该对这样的行为做出适当反应。有一个名叫无畏童子的王子，有一天去找佛陀，并问佛陀是否曾经伤害过别人。这时王子的小孩就在他的膝上。

“王子，假设你这个小孩把木头放进嘴里，你会怎么做？”佛陀问。

“如果他把木头放进嘴里，”王子说，“我会用手臂紧紧夹住这个小孩，并把食指伸进他的嘴里。虽然他会痛苦地哭闹与挣扎，但是即使他流血，我也要把木头取出来。”

“你为什么会这么做？”

“因为我爱我的小孩，我想要拯救他的生命。”他回答。

“同样，王子，过去我曾经严厉地对待我的弟子们，那并非出于残忍，而是出于对他们的爱。”佛陀说。

促使他这么做的，是慈爱，而非愤怒。

佛陀给我们提供了五个善待别人的基本方法，这些方法就是五戒。有些人认为戒律是对自由的限制，但是事实上，这些戒律是在解放我们。它们让我们免于犯下恶行，造成自己与别人的痛苦。这些准则训练我们保护别人，使他们免于受到伤害；并且借由保护别人，我们也保护了自己。这五戒提醒我们不杀生、不偷盗、不邪淫、不妄语或不恶口，以及远离会让我们丧失正念的酒。

透过禅修开发正念，也能帮助我们以慈心对待他人。在坐垫上，我们观察我们的心，看着喜欢与讨厌生起。我们教导自己，当这些想法生起时，放松我们的心，并学习将贪爱与憎恶看成无常的状态，学会放下它们。禅修帮助我们以新的观点看世界，并给我们指引一条出路。我们愈深入修行，技巧就愈纯熟。

看不见生气背后的其他因缘

当我们对某人生气时，通常只是针对一些特定的事、几句粗鲁的话、一个特殊的眼神，或者是一个无心的行为，时间一般都相当短暂。在我们的心里，那个人的其他部分都不见了，只剩下启动我们心中按钮的那个部分。当我们这么做时，其实是将整个人很小的一部分抽离出来加以放大。我们并没有看见构成那个人的其他因素与力量，只将焦点放在那个人的局部，也就是会让我们生气的那个部分上。

几年来，我收到许多想学佛的囚犯的来信。他们当中有些人曾经做过可怕的事，甚至犯下谋杀罪。不过现在，他们的观点改变了，而且他们还希望改变自己的生活。其中有一封信见解最深刻，并且深深感动我的心。作者在信中描述当看守出现时，其他囚犯如何对他叫嚣和嘲笑。这名囚犯试着向其他人解释，这个看守也是一个人，不过其他人都被嗔恨蒙蔽了。他们只看到制服，而非制服里面的人。

我是在对他的头发生气吗?

当我们对某人生气时，我们可以问问自己："我是在对那个人的头发生气吗？或是对他的皮肤生气？或是对他的牙齿、他的头脑、他的心、他的幽默感、他的温柔、他的慷慨、他的微笑生气？"当我们花一些时间整体检视那个人的成分时，我们的愤怒自然就减少了。透过正念的修行，我们学会更清楚地了解自己与别人。这种了解，有助于我们以慈心对待别人。在前面讲过的央掘摩罗的例子中，我们看不清楚事物真实的本质。了解"无我"的概念，可以软化我们的心，并且帮助我们原谅别人的恶行。我们学会以慈心对待自己与别人。

不过，如果别人伤害你呢？如果别人侮辱你呢？你会想报复，那是正常的人性反应。不过，那会把我们带到哪里去呢？"仇恨永远无法被更多的仇恨所平息"，这句话出自《法句经》。一个愤怒的人只会引来更多的愤怒。如果你以慈心响应愤怒，对方的愤怒就不会增加，也许会慢慢地消失。《法句经》的偈颂接着说："只有慈爱才能平息愤怒。"

以暴制暴的反应不是与生俱来的

佛陀有一个敌人，名为提婆达多[①]，密谋杀害佛陀。有一次，他用酒精灌醉一头大象之后，在预先知道佛陀会出现的时间与地点，将大象放出去。路上的行人都赶紧跑开，每个看到佛陀的人也都警告他要闪避，但是佛陀仍然继续往前走。佛陀忠实的伙伴——-阿难尊者[②]，想以自己的身体阻挡大象。当阿难尊者站到佛陀前面想要保护他时，佛陀请阿难尊者让开；单靠阿难尊者的身体力量当然无法阻止这头疯狂的大象。当这头大象接近佛陀时，它把头高高地抬起来，耳朵竖直，鼻子则充满怒气地仰天长啸。佛陀只是站在它前面散播慈悲的心念，忽然间，这头大象停下脚步。佛陀温柔地举起手臂，掌心朝向这头野兽，对它传送慈念。这头大象慢慢跪在他的面前，像只小羊。只是靠着慈心的力量，佛陀降伏了这头狂暴的野兽。

以暴制暴的反应是一种有条件的反应，它是后天习得的，并非与生俱来。如果我们从小就被训练成要忍耐、仁

---

① 提婆达多，梵名 Devadatta，巴利名同，又叫作"提婆达兜""地婆达多"。意思翻译过来就是天热、天授、天与。他是破坏僧团、与佛陀敌对的恶比丘。

② 阿难，佛陀十大弟子之一，全称阿难陀，意译为欢喜、庆喜、无染。他是佛陀的堂弟，出家后二十余年间都是佛陀的常随弟子，记忆力极佳，对于佛陀的说法多能记诵，故誉为"多闻第一"。

慈与温柔，那么慈爱就会变成我们生命的一部分，就会变成一种习惯；否则，愤怒就会变成我们的习惯。但是，即使我们已经长大成人，还是可以改变过去的习惯，我们可以训练自己用另一种方式去做出反应。

帮助她了解法，是更有效的惩罚

在佛陀的一生中，还有另外一个故事，教导我们如何对诬蔑与侮辱做出反应。佛陀的对手收买了一个名为旃遮（Cin¯cā，意译为暴志）的妓女来侮辱与污蔑佛陀。旃遮在腹部绑了一捆木材，用粗布盖起来，看起来就像是怀孕的样子。当佛陀对好几百个人说法时，她来到他面前，指着他说："你这个无赖，你假装成圣人对这些人说法，但是看看你对我做的好事！我因为你而怀孕了。"佛陀既不生气也没有恨意，反而以充满慈悲的声音，平静地对她说："你和我是唯一知道事实的人。"旃遮被佛陀的反应吓得踉跄倒退，腹部捆绑木材的绳子因而松脱，于是木材散落一地，每个人都看穿了她的花招。观众席上有些人起身想要打她，但都被佛陀制止。"不，不，你们不应该那样对待她，我们应该帮助她了解法，那是更有效的惩罚。"在佛陀教导她佛法后，她整个人都改变了，变得温和、亲切而且慈悲。

当有人试图让你生气或伤害你时，要对那个人保持慈心。佛陀说，一个充满慈心的人就像大地一样毫发无损。如果有人想用斧头或锄头消灭大地，一定是徒劳无功的。

无论怎么挖，即使挖一世或好几世，仍无法消灭大地。大地依然存在，既不受影响，也不会损伤。一个充满慈心的人不受愤怒的影响，就像大地一样不会损伤。

请把“恶语”的礼物带回去

另外，还有一个关于佛陀的故事。有一个人名为“无嗔”（Akkosina），意思就是不生气，不过事实正好相反，他经常生气。当他听到佛陀从来不对别人生气时，他决定去拜访他。他去找佛陀，拿各式各样的事情大肆批评他，不断侮辱与诋毁他。在他发完飙之后，佛陀问他是否有任何亲戚或朋友。

“有啊！”他回答。

“当你拜访他们时，你会带礼物去吗？”

“当然，”这个人说，“我都会带礼物去。”

“如果他们不接受你的礼物呢？”佛陀问。

“我会把它们带回家，与我的家人分享。”

“我也一样，”佛陀说，“我不接受你今天带来的礼物，请把它们带回去给你的家人吧！”

佛陀以耐心、机智与慈悲，邀请我们改变我们对恶语这个“礼物”的观感。

听到侮辱或气愤的话语，如果我们以正念与慈心来回应，就能把整个情况看得更清楚。也许那个人不知道他在说什么，也许那些话没有伤害你的意思，他可能完全是无心或者毫无恶意的。也许那些话刚好触动你当时的心境，或者你根本没有听清楚，也可能误解了它的意思。仔细思量那个人说话的内容也很重要，如果你气愤地响应，就无法听出那些话所要传达的信息。也许那个人指出来的事情，是你必须聆听与虚心接受的。

我们都碰到过会触动我们内心开关的人。如果没有正念与慈心，我们就会气愤地立即做出反应。如果持有正念，我们就可以观察自己的心如何对特定的话语和行为做出回应。就像在打坐时所做的一样，我们可以观察执着与反感的生起。正念就像保护我们免于受到恶行攻击的安全气囊，给我们时间，让我们有所选择。我们不一定要被感觉席卷吞没，我们可以用智慧，而非以烦恼做出反应。

慈，保护我们免于伤害

慈不是打坐才能做的事，慈也并非只是一直想，一直想。我们应该让慈的力量照亮每一次与他人相处的机会。慈是一切正直思维、语言与行为背后的根本原则。有了慈，我们可以更清楚地认知别人的需要，并欣然帮助他们。有了慈，我们才可以由衷地欣赏别人的成功。为了与他人和谐地生活及相处，我们需要慈。慈保护我们免于受到愤怒与嫉妒的伤害。当我们开发慈、悲、喜、舍之心时，不只让周遭的人更加愉悦，也让自己的生命变得更加祥和与快乐。慈的力量，就像太阳的光辉一样，是无边无量的。

慈的愿望……

愿一切被合法或非法囚禁的人，世上所有被警察监管的人，都能得到平安与快乐。愿他们脱离贪欲、嗔恚、仇恨、嫉妒与恐惧。让他们的身心都充满慈爱，让慈爱的祥和与平静浸透他们的整个身体与心灵。

愿一切在医院被各种疾病折磨的人，都能得到平安与快乐。愿他们都能远离痛楚、苦恼、沮丧、失望、焦虑与恐惧。让这些慈念拥抱他们，包围他们，让他们的身心都充满慈爱。

愿一切遭遇产痛的母亲都能得到平安与快乐。让每一滴血、每一个细胞、每一个原子、身心的每一个元素都注入这些慈爱而变得充实。

愿一切独力照顾子女的单亲父母都能得到平安与快乐。愿他们拥有耐心、勇气与决心，以面对并克服生命中无法避免的困难、问题与失败。愿他们都幸福、快乐与平安。

愿一切被成人以各种方式虐待的小孩都能得到平安与快乐。愿他们都充满慈、悲、喜、舍之心。愿他们都和善，愿他们都放松。愿他们的心都变得柔软，愿他们的言语悦耳，愿他们远离恐惧、紧张、焦虑、忧心与不安。

愿一切统治者都温和、善良、慷慨与慈悲。愿他们了解被压迫者、社会地位低下者、受差别待遇者与贫困者的处境。愿他们的心都能融入不幸人民的痛苦中，让这些慈心拥抱他们，包围他们。让每一滴血、每一个细胞、每一个原子、身心的每一个元素都注入这些慈念而变得充实，让慈心的祥和与平静浸透他们的整个生命。

愿受压迫者、社会地位低下者、受差别待遇者，以及贫困者，都能得到平安与快乐。愿他们都能远离痛楚、苦恼、沮丧、失望、焦虑与恐惧。愿十方世界所有人都能幸福、快乐与平安。愿他们拥有耐心、勇气与决心，以面对并克服生命中无法避免的困难、问题与失败。愿这些慈心拥抱他们，包围他们。愿他们的身心都充满慈爱。

愿世上形形色色的一切众生，无论是两足、四足、多足或无足，胎生或卵生，此世或来世，都拥有快乐的心。愿各处都没有欺骗与鄙夷，愿没有人想伤害别人。愿我对一切众生开发出无量慈心，没有憎恨或愤怒，无所挂碍。愿一切众生都能解脱痛苦，达到究竟涅槃。

慈心将所有的人紧密结合在一起

慈心超越一切宗教、文化、地理、语言与国籍的限制，它是普遍而古老的法则，无论我们的身份与地位如何，它把我们所有人紧密结合在一起，我们应该无条件地修习慈心。敌人的痛苦就是我的痛苦，他的愤怒就是我的愤怒，他的慈心就是我的慈心。如果他快乐，我就快乐；如果他平静，我就平静；如果他健康，我就健康。就好像不管彼此有何差异，我们都一起承受痛苦一样，我们应该把慈心与十方一切众生一起分享。没有一个国家可以不需要其他国家的支持与协助而独自存在，也没有一个人可以与世隔绝而独活。为了生存，我们需要其他生命——与我们有根本差异的生命。事情就是如此，因为差异的存在，修慈是绝对需要的。慈心，把一切生命结合在一起，当然包括你我在内。

禅

智慧禅

禅不是哲学，也不是宗教，而是一种基于“静”的境界，一种洒脱的行为和体验。但禅的境界看不见、摸不着，只有自己去体验，去受用。当心如止水，心上无尘，一花一草便是整个世界。

禅也是一条探索开发智慧之路。我们每个人都具足如来智慧德相，只因妄想执著而不能证得。禅告诉我们，若人生不得自在，不得圆满，千万不要在桎梏之外去求解脱，不要在烦恼之外去求菩提。因为，圆满觉悟的人生就在本心之间，一转身、一刹那，便是无限的解脱。

拥有一颗平常心，回归本真，让人生如行云流水，这便是参透人生，便是禅。

铃木大拙禅论集之一•自性自见

（日）铃木大拙 著

定价：42.80 元

我们常常不知生命的究竟意义为何，禅让我们睁开第三只眼睛，看清由于我们的无知而未能梦见的境界。本书主要从历史源流分析禅的根本精神和发展轨迹，彻底分析从中国起源的禅宗如何一步步融入到日本文化之中，进而演变成独具日本民族特性的禅学传统。

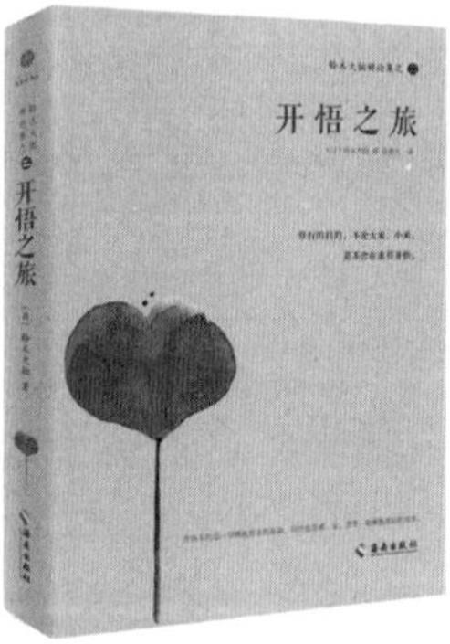

铃木大拙禅论集之二•开悟之旅

（日）铃木大拙 著

定价：42.80 元

在铃木大拙看来，公案参究是一种求悟的手段，是现代禅修的要件，更是禅学能够延伸到今天的重要因素。基于此，铃木大拙在书中重点论述了公案参究与禅悟、念佛之间的关系，以及公案参究对禅悟的促进作用等。铃木大拙对于禅悟的见解，是对参禅者进行的透彻提点，依此修习，可以拨云见月，廓然开悟。

铃木大拙禅论集之三•菩萨行处

（日）铃木大拙 著

定价：42.80 元

本书重点揭示禅对于人们现实生活的影响、对于人们精神世界的滋养及疗愈作用。铃木先生文笔凝练，论述真切深刻，又闪烁着智慧的光芒，对于现代读者同样具有深刻的启迪意义，尤其有助于现代人自行自省、安顿心灵、挣脱藩篱，如实地看清生命的奥秘和人生的意义。

铃木大拙禅学入门

（日）铃木大拙 著

定价：39.00 元

本书是铃木大拙禅学经典系列的入门读物，也是大众了解禅学的最基础的书。铃木大拙以其对东西方哲学的修养为背景，将禅学融合于西方哲学领域，使禅的思想性可以在比较广泛的基础上得到交流，也为人们提升精神品质开启了一扇窗户。

禅生活

（日）铃木大拙 著

定价：39.00 元

《禅生活》从崭新的角度阐述了禅的精髓，让读者进一步了解禅与生活的因缘关系，明了日常生活中一举手、一投足的真实面目。在书中，铃木大拙首先从西方的“神”及“神圣的思想”引申出禅生活的论断，接着论述了何为证悟以及如何获得证悟，最后借用大量公案实例分析了公案对人的证悟的重要性。

禅与心理分析

（日）铃木大拙 著

定价：39.00 元

本书是融合禅学与心理学的经典名著，主要根据禅学大师铃木大拙与著名心理分析学家弗洛姆等人在 1957 年展开的东西方思想对话整理而成。禅与心理分析，在拯救心灵创伤、寻求人生答案、超越自我、迈向心身健康之路等方面，都具有异曲同工之妙。

禅是什么

（日）铃木大拙 著

定价：32.00 元

本书是“世界的禅者”、日本当代禅宗大德铃木大拙先生所著禅学经典著作之一，主要探讨禅的本质。在本书中，铃木大拙先生以自身对禅的深切体会为基础，借助西方现代思想方法深入透彻地解答了“禅是什么”，有助于现代读者走出心灵的困境、摆脱俗世的纷扰，找到最真实的自己。

佛陀之心

一行禅师 著

定价：36.00 元

一行禅师以自身的禅修体悟以及深入浅出的笔法，将佛法浓缩成一篇篇贴近生活的禅修指导，对佛教的基本教义做了最生活化的阐释。本书直探佛法心要，对于想安顿身心的读者来说，是一本贴近佛陀本怀的生活佛法书。

越用力，越焦虑

一行禅师 著

定价：39.80 元

《越用力，越焦虑》是写给每一个活在奋斗、慌乱、焦虑、迷茫中的现代人们，是给千万都市人的生命启示录。在这个到处充满压力的社会，我们用力地生活，为什么反而会活得这样辛苦，过得如此慌乱？究竟是我们不够努力，还是一不小心用力过了头？

景德传灯录

（宋）道元 辑

定价：78.00 元

《景德传灯录》是宋真宗年间释道原编撰的禅宗灯史。其书辑录自过去七佛，及历代禅宗诸祖五家五十二世，共一千七百零一人之传灯法系。《景德传灯录》在宋、元、明各代流行颇广，特别是对宋代教界文坛产生过很大的影响。

五灯会元

（宋）普济 辑

定价：98.00 元

“五灯”指五部禅宗灯录：①北宋法眼宗道原的《景德传灯录》；②北宋临济宗李遵勖的《天圣广灯录》；③北宋云门宗惟白的《建中靖国续灯录》；④南宋临济宗悟明的《联灯会要》；⑤南宋云门宗正受的《嘉泰普灯录》。《五灯会元》合“五灯”为一书，叙录简要。

联灯会要

（宋）悟明 集

定价：58.00 元

《联灯会要》选录自《景德传灯录》《天圣广灯录》等书。自卷一至卷二十九前半部分计收录过去七佛以及天童正觉法嗣净慈慧晖等六百余人之示众法语与机缘问答。卷二十九后半部分为《应化贤圣》《亡名尊者》，收录佛陀波利等二十一位应化贤圣，以及二十七位无名尊者。卷三十为《傅大士心王铭》等十四篇短文。

嘉泰普灯录

（宋）正受 辑

定价：68.00 元

《嘉泰普灯录》内容普及王侯、士庶、女流、尼师等圣贤众庶，故名《普灯录》。全书用时十七年，于嘉泰四年（1204）编成。它是介绍禅宗师承的经典之作，不仅仅是宗门的师承关系，还包括修行的正确与否，以及禅的真伪。

天圣广灯录

（宋）李遵勖 辑

定价：58.00 元

《天圣广灯录》收录了释尊、西天二十七祖、东土六祖、南岳下九世、青原下十二世，约三百七十余人之略传及机缘。而于南岳下禅师之叙述特别详细，马祖以后之诸师语录几乎全部收录。本书是佛教禅宗的经典之作，完整呈现了禅宗的精髓，是禅宗修行的必读书。

建中靖国续灯录

（宋）惟白 辑

定价：68.00 元

《建中靖国续灯录》是承继《景德传灯录》及《天圣广灯录》而来的传灯录，故名《续灯录》。本书依禅门法脉相续的次第，辑录师资略历、机缘语句、古则公案及偈颂等，并特别偏重云门宗禅者语录的揭载。全书分正宗、对机、拈古、颂古、偈颂五门。

修心坊

佛法是一种关于生命的学说，其智慧在于通达世界和生命的实相，可以帮助人们建立一种理想的人生境界，找到人类存在的终极意义。

佛法不是笼统僵化的说教，也不该是仅限于学者、专业人士在小范围内研究、实践的高深学问和专门技术。佛法中最幽深的理论，是与我们当下的身心活动紧密联结的，也是为了解决现实人生中遇到的问题。

一个人经历的世事越多，越会怀疑自己所要追求的东西，疲惫的感觉也就越强烈。其实，让人疲惫的不是现实的束缚，而是心灵的颓废，是不知道该如何面对世界与人生。我们无法去外面找一颗现成的没有烦恼的心来移植到自己身上，也别想某天早上醒来突然就发现自己改头换面成了个“解脱的人”。我们唯一能做的只有面对当下，回归内心。

次第花开

希阿荣博堪布 著

定价：39.80 元

《次第花开》是希阿荣博堪布所写的心灵随笔集，以现代人的思维和表达方式，将心灵世界应有的美好境界娓娓道来。书中处处散发着慈悲与智慧的光芒，堪布睿智柔和的文字，朴实生动的开示，帮助我们坦然地面对心的本性，并从各种困惑中解脱出来，获得重塑心灵世界的力量。

清凉山上
菩提洲 著
定价：58.00 元

本书忠实记录了《次第花开》一书的作者希阿荣博堪布 2012 年 7 月对五台山（别名清凉山）各胜境的参观朝拜。沿着 25 年前法王如意宝朝礼五台山的足迹，尊者带着弟子们一路发愿、供灯，讲述五台山各胜境的历史典故以及诸多大圆满祖师在五台山上修行的故事。

海云继梦讲人生·非常心经
海云继梦 著
定价：62.00 元

本书是一代高僧对《心经》实修实证的感悟，海云继梦以华严的精神体会《心经》的生命本质，强调修行需要的不是概念，也非理论，而是实实在在的直观体验和生命感受，修行的关键，就在于如何把生命与经文中的义理相融相契。

海云继梦讲人生·非常坛经
海云继梦 著
定价：68.00 元

海云继梦法师以华严精义阐释禅宗经典《坛经》。他认为《坛经》是理解其他经典的基础，从而以实修与经典相印证，进而指导实修的明心法门、见性关窍，阐述不执着的生命最美丽，从而活在自由自在的生命里。

海云继梦讲人生·非常金刚经
海云继梦 著
定价：58.00 元

这是一代高僧对《金刚经》实修实证的感悟，作者在书中强调修行需要的不是概念，也非理论，而是实实在在的直观体验和生命感受，画饼好看不能充饥，所以修行的关键，就在于如何把经文中的义理真真切切地灌注到自己的生命中去。

如莲绽放
泽仁扎西堪布 著
定价：35.00 元

《如莲绽放》是一部图文精美的心灵随笔集，也是藏地的心灵指引书。泽仁扎西堪布在书中将佛家智慧以浅白、优美、精练的语言表述出来，告诉我们如何快乐地生活、找到心灵的归宿，获得自在安乐。

大通方广忏悔灭罪庄严成佛经
陈斌冠 勘校
定价：30.00 元

本书是本师释迦牟尼佛于其涅槃日，在前往拘尸那罗城外的娑罗树林涅槃的途中，无请自住而言说法的一部极为重要的大乘经典。经中世尊为众生开显忏悔无量劫以来所造作的重罪恶业之行事、坛法、观修、梦相等，令众生除罪消业，入解脱门，成就佛果。

秘密之书

(美) 迪帕克•乔普拉 著

定价：39.80 元

《秘密之书》凝聚了伟大的精神导师迪帕克•乔普拉一生的智慧和洞察力，细述了 15 个改变生命的秘密，包括完美爱情的秘密、治愈的秘密、慈悲和信念的秘密等。本书凭借深入浅出的理论阐述和生动形象的事例解析，一步步将读者引入精神修习的旅程。

世界上最快乐的人

咏给•明就仁波切 著

定价：39.80 元

当代国际心灵导师、藏传禅修大师明就仁波切，在《世界上最快乐的人》一书中，阐述他自己是如何通过佛法禅修克服童年时代的恐慌症，获得内在真正的快乐的。本书行文轻松活泼，所述故事生动幽默，更重要的是，处处有着仁波切充满智慧的慈悲话语。

世界上最幸运的人

咏给•明就仁波切 著

定价：39.80 元

21 世纪被称为“焦虑年代”。焦虑已经是人类长期的症状。我们不安和烦恼，在解决的过程中又制造出更多的纠葛和问题。此书正是一本解除焦虑的实用手册，教导大家用佛教的洞见和实修，来解决日常遭遇的难题。

回到今生

布莱恩•魏斯 著

定价：45.00 元

布莱恩•魏斯在书中揭开了宇宙基本的生命动力及疗愈的能量——“爱”，这股能量使人们经历无数次生命。他强调通过前世回溯重新去扩张与体验爱的经验，并且教导我们如何“灵性自助”，告诉我们放掉愤怒、建立相爱的家庭，培养丰富的爱与同情心的重要性。

印度朝圣之旅•瓦拉那西迷城

林许文二、陈师兰 著

定价：60.00 元

瓦拉纳西是印度北方邦恒河岸边的一座有着两千多年历史的古城。相传当初佛陀曾经到此处传教。今天，这里仍然是印度佛教传统保存得十分完整的地点之一，也是印度修行者聚集的圣地。本书详细地从历史、传说、生活习俗、宗教传统、建筑风格等方面描绘了这座神秘的古城，以第一手的资料和图片，呈现出古城迷人的历史与现状。

印度朝圣之旅•桑奇佛塔

林许文二、陈师兰 著

定价：48.00 元

本书是探寻早期佛教艺术、印度古文明的一部立体史书。桑奇佛塔位于印度中部，遗址内总共有 51 个大大小小的塔寺遗迹，包括佛塔、塔门、寺院、僧院、石柱等。桑奇为人类保存了最古老、最完整、最壮丽的佛塔，而千姿百态的刻绘、浮雕则展示了佛陀的图像密码、古印度人的生活样貌。

印度朝圣之旅·恒河十二圣地

林许文二、陈师兰 著

定价：60.00 元

本书沿着佛陀诞生、出离、开悟、传教直到涅槃的途径，结合当地的历史人文特色，详细地介绍了印度的佛教十二圣地：蓝毗尼、迦毗罗卫、菩提迦耶、鹿野苑、王舍城、那烂陀、舍为城、憍赏弥、僧伽施、巴特那、吠舍离、拘尸那罗，让读者能够全面了解印度圣地的过去与现况，以及圣者佛陀的一生。

生命之书

生命本是一场修行，而修的正是一颗心。只有让心安住下来，才能坦然面对人生的起伏。

禅修，是生命的艺术，也是疗愈心灵的良药。

对于每一个寻求内心平静的人来说，禅修无疑是极好的礼物。

“生命之书”将心定和尚、铃木俊隆、德宝法师等禅学大师的精彩教示分享给全世界。

用内观、禅定、正念、八正道等修行方法，放下执念，回归当下，享受自在的人生。

心定

心定和尚 著

定价：38.00 元

本书根据星云大师弟子——心定和尚在禅堂中或佛学讲座上的讲稿整理而成，内容包括参禅修定的具体方法、要领、佛法上的思考和理解，以及如何将这些修行的方法运用到生活中。他的这些弘法教学，既具深度，又能做条理的层次分析，对参禅修定的初学者来说，是很好的禅修导引。

内观

（美）威廉•哈特 著

定价：42.00 元

内观是印度古老的自我观察方法之一，早在两千五百年之前，已在印度被传授，它是治愈一切烦恼的良药，亦称生活的艺术。本书介绍了葛印卡老师所教导的内观方法的梗概，希望借此增进读者对佛陀教导的精华——内观方法的了解。

观呼吸

（斯里兰卡）德宝法师 著

定价：42.00 元

本书是德宝法师用人人都看得懂的语言写成的禅修经典著作。在书中，德宝法师开篇就指明禅修的目的，以及常人对禅修的种种误解，然后系统地介绍了如何通过单纯的觉察与呼吸的掌握，达到正念，让心变得稳定、敏锐和专注。

八正道

（斯里兰卡）德宝法师 著

定价：45.00 元

在本书中，德宝法师以实际禅修经验，解说了八正道每个道支的深刻内涵，并分析了人们对此可能产生的误解或偏见。本书不仅让人们明白何谓快乐的内在生活，而且还教导人们如何在日常生活中运用八正道达到快乐。尤其重要的是，他融合了南传佛教教理的诠释和现代人的思考方式，精心解说，令人耳目一新。

禅者的初心

（日）铃木俊隆 著

定价：35.00 元

铃木俊隆禅师用最简单的语言，从日常生活的情境切入，阐明如何在生活中保持初心，实现禅心。本书指导人们如何修行，说明何谓禅生活，禅修是以何种态度和了解为前提的，并且鼓励读者活出自己的真实本性。

禅者的初心 2

（日）铃木俊隆 著

定价：39.80 元

《禅者的初心 .2》由禅师在世最后三年间的 35 篇开示讲稿编辑而成。铃木俊隆禅师幽默感和一颗慈悲心，教导我们如何打开本性，找到原初的自我，回归开阔的心胸，超越得失荣辱，享受真实的生命。

你可以不生气

一行禅师 著

定价：42.00 元

《你可以不生气》是一行禅师写给当今人类的伟大著作。一行禅师提醒我们，把生气当做自己的孩子，好好地拥抱、照顾，受伤的孩子很快就可以康复。本书告诉我们在这个躁动不安的时代，如何平息内心愤怒火焰，获得身心健康，走向快乐和幸福。